_____ 드림

SBS스페셜
격대 육아법의 비밀

SBS스페셜
격대 육아법의 비밀
초판 1쇄 발행 2013년 9월 10일
초판 1쇄 인쇄 2013년 9월 17일

지은이 SBS스페셜 〈그들에겐 특별한 것이 있다: 격대교육〉 제작팀
엮은이 송현숙

발행인 장상진
발행처 경향미디어
등록번호 제313-2002-477호
등록일자 2002년 1월 31일
주소 서울시 영등포구 양평동 2가 37-1번지 동아프라임밸리 507-508호
전화 1644-5613 | **팩스** 02) 304-5613

ⓒ 2013 SBS스페셜 〈그들에겐 특별한 것이 있다: 격대교육〉 제작팀

ISBN 978-89-6518-079-1 13370

· 값은 표지에 있습니다.
· 파본은 구입하신 서점에서 바꿔드립니다.
· 이 프로그램의 단행본 저작권은 마더커뮤니케이션을 통해 저작권을 구입한 경향미디어에게 있습니다.
  저작권법에 의해 보호받는 저작물이므로 무단 전재와 무단 복제를 금합니다.

SBS스페셜

격대 육아법의 비밀

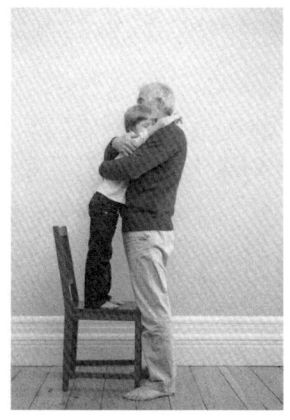

SBS스페셜
〈그들에겐 특별한 것이 있다: 격대교육〉
제작팀 지음

경향미디어

프롤로그

할아버지 할머니 품에서 자라는 아이들은 다르다

"할머니 할아버지가 키워서 달라"라는 말은 어투에 따라, 상황에 따라 정반대의 의미를 띤다. 한 지방자치단체에서 자녀를 가진 20~60대 여성 700명을 설문조사한 결과를 봐도 '조부모가 키워서 다르다'는 말의 이중성이 드러난다. 조부모에게 자녀양육을 맡겼던 여성들은 자녀들의 인성이 풍부해지고(45.0%) 건강상태가 향상됐다(19.5%)는 점은 인정했지만, 아이가 버릇이 없어지고(56.6%), 생활습관이 나빠졌다(26.3%)는 부정적인 의견도 높은 비율을 차지했다. 이런 장단점을 인정하면서도 10명 중 7명의 여성이 조부모에게 자녀 양육을 맡겼다. 이유는 압도적으로 직장생활, 사회생활 유지가 많았다. 좀 더 속내를 드러내자면, 아이의 조부모는 혈육에 대한 애정이 있어 믿을 수 있지만, '나'의 마음에 안차는 부분이 있다는 것이다.

탄생부터 아이를 지켜봐온 혈육, 아이가 편안하고 따듯하게 느끼는 부모 다음의 존재, 아이에게 있어 부모 다음이지만 보모보다는 나은 자리에 위치한 조부모는 일대일 애착형성이 필요한 시기에 부모의 빈자리를 한시적으로 채워주는 존재로 인식되고 있다. 2009년 보건복지부 아동보육실태 조사에 따르면 0~3세 영유아의 70%가 최소 낮 동안 조부모가 돌본다고 답했지만, 미취학 아동의 경우는 그 절반인 35%로 떨어졌다. 이는 아이가 성장하면서 격대교류가 줄어들고 있음을 뜻한다.

하지만 최근 주목할 만한 연구결과가 나오고 있다. 조부모와 오랜 시간을 함께 지낸 아이들은 어린 시절뿐 아니라 10대에 이르러서도 긍정적인 영향을 받는다는 것이다.

자녀에 대한 기대치가 높고, 결과위주로 판단하며, 늘 채근하고, 감정조절에 서투른 부모보다, 아이들 눈높이를 맞추고, 과정 위주로 칭찬하며, 늘 사랑하고, 평온한 감정을 심어주는 조부모의 교육효과가 더 좋다는 것이다.

방송을 준비하면서 격대교육 중인 혹은 경험한 이들의 인터뷰를 많이 했었다. 직접 만나본 그들에겐 분명 뭔가 특별한 것이 있었다. 그들의 생생한 이야기를 들어보고, 격대교육이 왜 특별한지 과학적 측면에서도 살펴보자.

SBS 〈격대교육〉 제작팀을 대표하여
작가 송현숙

프롤로그 | 004

1장 격대육아법의 비밀
"할머니의 관심은 아이의 성적을 향상시킨다."

01 손주가 몇 학년, 몇 반인지 아는가? _11
- 용돈은 순간이지만 관심은 평생 남는다 _12
- 할머니 할아버지와 친한 아이는 사회성도 높다 _15

02 개구쟁이 손주가 마냥 예쁘기만 한 이유는? _24
- 퇴계 이황도 손자의 교육에 관여했다 _25
- 노화는 감정에 치우치지 않는 유연함을 준다 _27
- 지금 대한민국의 3%는 격대육아를 하고 있다 _30

Tip 격대육아 전 주의사항 _32

2장 격대육아법의 비밀
"할아버지의 칭찬은 아이의 자신감을 높인다."

01 할머니의 칭찬은 엄마의 칭찬과 다르다 _37
- "잘했다!" vs "잘했다. 하지만…." _38
- 독이 되는 칭찬 vs 약이 되는 칭찬 _44
- 아이를 칭찬할 때 '노력'을 언급하라 _50
- 생떼가 아닌 아이의 행동은 제지하지 마라 _58

02 할아버지의 수업은 학원의 수업과 다르다 _65
- 피자를 먹으면서 깨우친 8분의 3 _66   - 포옹으로 시작하는 할아버지 수업 _70
- 신문에서 찾은 어제 배운 한자 _74   - 아이 스스로, 원해서 하는 학습 _79

03 손주의 멘토가 돼줘라 _83
- 10대가 된 손주와의 모닝콜 _84
- 할머니 할아버지의 젊은 시절 사진 _93

Tip 격대육아 노하우 _96

3장 격대육아법의 비밀
"손주 연령에 맞는 격대육아법이 있다."

01 0~3세 격대육아: 애착형성을 탄탄히 하라 _103
- 내 아이와 다른 기질의 손주, 육아공식은 없다 _104
- 0세, 아기와의 애착 형성 시기를 놓치지 마라 _112
- 부모와는 다른 역할이 있다 _115   - 0~3세, 손주와 함께 놀아줘라 _118

02 만 3~6세 격대육아: 기적이 일어날지도 모른다 _123
- 격대교육, 타이밍을 잡아라 _124   - 격대교육, 사교육과 다른 선택, 다른 목표 _132

03 초등학생 격대육아: 정서교감만으로도 아이는 성장한다 _141
- 초등학교 저학년, 손주의 학생이 돼라 _142
- 초등학교 고학년, 관계를 더 돈독히 하라 _145

04 10대 격대육아: 부모의 사춘기 시절을 들려줘라 _149
- 가족의 역사를 들려줘라 _150

Tip 유의해야 할 육아 미신 _153 / 조부모에게 유용한 정보 _155

4장 격대육아법의 비밀
"조부모는 실패하지 않는 육아 조력자다."

01 격대육아와 함께 시작되는 고민 _159
- 체력적 부담 _160   - 육아 스트레스 _164

02 2세대 3각으로 이루어지는 격대육아 _170
- 할머니 할아버지와의 관계 좁히기 _171   - 부모는 세대 간 징검다리 _173

03 격대육아로 성장한 아이들 _177
- 2세대 3각 역할분담 황금률 _178   - 할아버지의 완행교육이 최고의 선행학습 _181
- 조부모가 만들어준 터닝 포인트 _189   - 할머니의 품에서 늦게 트인 아이 _193
- 할머니의 느린 시간표 _198

Tip 격대육아를 위해 피해야 할 함정들 _207

부록 격대육아를 경험한 명사 이야기 | **215**

격대교육(隔代教育)
할아버지가 손자, 할머니가 손녀를 맡아
잠자리를 함께하면서 교육함

할머니의 관심은
아이의 성적을 향상시킨다

씨름판, 장터, 규방.
아이가 등장한 옛 민화를 들여다본다.
아직 걸음마를 떼지 못하고 기어 다니는 아기도,
아기 새처럼 입을 벌리고 밥을 얻어먹는 아기도,
홀로 있지 않다.

입가엔 미소를 머금은 채,
아기에게서 눈을 떼지 않는 주름진 얼굴,
아이의 할아버지 할머니의 얼굴이다.

조부모의 푸근한 미소, 따듯한 품에서 보낸
시간이 아이들의 인생에 어떤 영향을 미치는 것일까

손주가 몇 학년, 몇 반인지 아는가?

　미국 펜 주립대(Penn State University)의 교육이론과 정책 프로그램(Educational Theory and Policy Program) 연구팀은 대만 중학생들의 인지능력테스트 결과를 분석하다가 이상한 점을 발견했다. 그것은 20년 넘게 교육학, 사회학, 인구통계학 등의 분야를 넘나들며 가정형태, 거주 지역 등을 비롯해 사회경제적 요인이 아이의 성적에 미치는 영향을 규명해온 연구팀에게도 쉽게 설명할 수 없는 수수께끼였다.

　노스캐롤라이나 대학의 엘더 교수팀은 조부모와 손자녀의 상관관계를 광범위하게 조사한 결과 지리적으로 가까울수록, 또 자주 접촉할수록 아이의 성적과 성인이 된 후의 성취도가 높다는 사실을 알아냈다. 핵가족화에 따른 아이들의 사회적·정서적 문제를 조부모의 멘토링으로 해소하려는 신가족주의 운동이 서구에서 일어나고 있다.

용돈은 순간이지만 관심은 평생 남는다

2007년 연구진이 3세대 확대가족 내 아이들의 학업성취도에 관한 연구를 구상할 때부터 어려움은 있었다. 양부모, 한 부모 가정 등 핵가족이 아이의 학업성적에 미치는 영향은 연구할 수 있었지만, 3세대 확대가족의 경우는 연구 샘플을 구하기가 어려웠기 때문이다. 조부모 세대와 부모 세대, 아이들로 이뤄진 형식상 3세대 가족은 미국에서도 드물지 않다. 이혼이나 사별로 한 부모 가정이 된 경우 조부모가 양육을 지원하기 위해 살림을 합치는 경우가 많았다.

학업성취도뿐 아니라, 아이의 자존감, 대학 진학률 모두 양부모 가정, 조부모가 함께하는 한 부모 가정, 한 부모 가정, 조손가정(祖孫家庭, 성인자녀가 가출, 사망, 이혼, 약물남용 등으로 인해 부모 역할을 수행할 수 없게 되어 조부모가 부모 역할을 수행하는 경우) 순으로 낮아졌다. 조부모는 가정 해체 등의 '위기상황'에서 그 부모의 공석을 대신할 수 있으나, 부모만큼의 영향력을 끼치진 못한다는 것이 모든 연구의

> 조부모와 함께 산 기간이 길수록 인지능력 점수도 비례해서 높게 나타난 것이다. 조부모와 최근에 합가(合家)했다고 답한 아이들의 인지능력점수는 조부모와 전혀 살아본 경험이 없는 아이들과 별다른 차이가 나지 않았다.

일관적인 결론이었다.

그런데 부모의 역할을 대행하는 것뿐이라면 3세대 확대가족이라 볼 수 없다. 아이들로서는 가정을 떠난 아빠, 혹은 엄마가 하던 일을 이제 할아버지나 할머니가 대신 해줄 뿐이다. 그렇다면 육아, 양육 부담이 두드러지지 않는 양부모 가정의 조부모는 아이들에게 어떤 영향도 끼치지 못하는 것일까?

인지능력 테스트의 수수께끼

결국 연구 샘플을 찾아 펜 주립대학 연구진은 지구 반대편 대만의 과거 자료로까지 시선을 돌려야 했다. 대가족이라는 가족 형태가 사라진 현대에도 남아있는 대만의 독특한 가구구성 비율 때문이었다. 유교문화권인 대만에서는 핵가족화가 늦게 진행되었다. 2000년 초까지도 60세 이상 인구 중 약 68%가 기혼자녀, 손주들과 한 지붕 밑에서 살고 있었다. 당시 전국 333개 중학교1학년생 1만여 명을 대상으로 한 인지능력점수와 아이들의 가정환경을 매치시켜 분석한 결과 흥미로운 결과가 도출되었다.

시험응시자 중 부모, 조부모와 3세대 확대가족에 살고 있는 중학교 1학년 아이의 비중은 22%(약 2,200여 명)였다. 그런데 이들의 인지능력점수가, 78%의 비중을 차지하는 핵가족가정의 아이들보다 월등히 높게 나타난 것이다. 사는 곳도, 부모의 교육수준도, 학교도 각각 다른 2,200여 명의 아이들, 이들의 공통점은 부모 세대 외에 조부모 세대가 함께 산다는 것 밖에 없었다.

핵가족 가정의 아이들보다 높은 인지능력점수를 기록한 이 2,200여 명 아이들의 점수를 분석하자 더 놀라운 결과가 나타났다. 조부모와 함께 산 기간이 길수록 인지능력 점수도 비례해서 높게 나타난 것이다. 조부모와 최근에 합가(合家)했다고 답한 아이들의 인지능력점수는 조부모와 전혀 살아본 경험이 없는 아이들과 별다른 차이가 나지 않았다. 과연 할아버지 할머니와 함께 사는, 대만의 3세대 대가족 지붕 밑에서는 무슨 일이 일어나고 있었던 것일까?

부모와는 다른 교육 효과

미국 펜 주립 대학 연구진은 조부모가 아이와 오랜 시간을 함께 보내는 것이 왜 인지능력을 높이는지 메커니즘을 완전히 파악할 수가 없다고 한계를 인정했다. '맞벌이 부모를 두었을 경우 조부모가 양육에 좀 더 신경을 썼을 수 있다', '부모와 아이 사이에 발생하는 갈등을 조부모가 잘 조정해서 안정감을 주었을 것이다', '손주의 학업성취도에 대한 조부모의 기대가 긍정적인 역할을 했을 수 있다' 정도의 이론적인 분석이 있을 뿐이다. 교육수준도, 양육 참여 정도도 제각각인 조부모들을 아우르는 연구는 이제 막 시작된 데 비해 3세대가 한 지붕 아래 함께 사는 가정은 빠른 속도로 줄어들고 있다.

현재까지의 연구 결과로 제안할 수 있는 것은 아이의 인지능력을 높이려면 조부모와 함께 되도록 오랫동안 시간을 보내게 하라는 것이다. 3대 가정에서 조부모의 존재를 제거해온 핵가족화와 사회변화는 아이들의 학업성취도, 학업기대수준 그리고 아직 알려지지 않은 어떤 면에서 부정적인 결과를 초래할지 모른다.

수엣-링 퐁(Suet-ling Pong), 펜 주립대학 교육사회인구통계학 교수

아이에게 가장 중요한 것은 부모와의 애착형성이라는 점은 부인할 수 없는 사실이다. 그러나 부모 양육에 가려져 보이지 않았던 혹은 부모의 빈자리를 대체하는 것으로만 평가되었던, 조부모의 역할은 사실 부모와는 다른 교육 효과를 가지고 있다는 것이 속속 밝혀지고 있다. 조부모를 제1세대로 칭한다면, 부모가 2세대, 손주는 3세대이다. 이때 1세대에서 3세대로, 세대를 뛰어넘어 행해지는 격대교육의 효과가 있다는 것이다. 할아버지 할머니와 함께 많은 시간을 보내며, 애정을 나누는 아이들은 다른 무엇인가의 효과를 받았다. 그리고 그 영향은 유아기를 넘어 10대, 사춘기까지 이어지고 있었다.

할머니 할아버지와 친한 아이는 사회성도 높다

1989년 미국 중서부 농경지역인 아이오와 주에서 야심찬 연구

글렌 에이치 엘더 주니어 교수

프로젝트가 시작됐다. 당시 중학교 2년생인 청소년들의 실태를 파악하고, 이후 몇 년 단위로 교육, 약물의존도, 결혼, 직업, 생의 만족도 등을 추적해나가는 장기간 연구였다.

미국의 대표적인 농경지대인 아이오와 주는 경제, 문화적으로 척박한 주였다. 온갖 악재 속에서 청소년들의 인생에 영향을 미치는 모든 변수들을 계량화해보기로 한 것이다. 아이들의 성장과 발달에 영향을 미칠 수 있다고 예상되는 모든 변수가 세심하게 기록되었다. 부모의 직업과 소득은 물론이고, 양육자의 성향, 종교, 이웃과의 관계까지 망라하는 이 조사를 위해 심층인터뷰를 진행했던 글렌 엘더 교수는 예상치 못했던 존재에 맞닥뜨렸다. 아이들의 인터뷰마다 서류상으로는 전혀 나타나지 않는 가족 구성원이 반복되어 언급됐다. 바로 아이들의 할아버지 할머니였다. 이주인구가 많은 대도시였다면 자칫 간과할 수 있었던 변수였다.

대부분의 연구대상 아이들이, 조부모가 자신들의 인생에서 중요하다고 말했어요. 조건 없는 사랑과 무한한 지지를 주는 사람이라고 평가하더군요. 아이들의 인생을 이해하기 위해서는 필수적인 모든 세대의 주

요인물에 대한 연구가 필요하다는 결정을 내리고, 아이에서 어른으로 성장할 때 조부모가 어떤 중간 역할을 하는지 조사한 거죠.

– 글렌 에이치 엘더 주니어(Glen H. Elder, Jr.) 교수

농경지가 많다 보니 대대로 농토를 중심으로 대를 이어 살아가는 인구가 많았던 아이오와에는, 비록 같은 지붕 아래 살지는 않았지만 인근에 할아버지 할머니가 거주하고 자주 왕래하는 경우가 많았다. 심층면접 대상 중 40%가 태어나면서부터 많은 시간을 조부모와 보내왔고, 중2학년생, 즉 평균 만 12세가 된 이후에도 1주일에 한번 이상 조부모를 만나서 시간을 보내고 있었다.

아이들과 조부모 사이의 만남에서 이렇다 할만한 활동이나 목적이 정해져 있지도 않았다. 조부모의 집이 학교와 집 사이에 있어 종종 들러서 이야기를 나눈다는 아이가 있는가 하면, 주말엔 3대가 함께 식사를 한다는 정도였다. 조사 대상이었던 조부모들은 손주와 자주 만나고 있고, '부모와 함께' 학교활동에 참석함으로써 손주가 사랑받고 있다는 것을 인식하고, 자부심을 느끼는 것 같다고 스스로의 영향력을 평가하고 있었다. 학과공부에 조부모가 특별히 도움을 주는 경우는 드물었지만, 손주들이 느끼는 조부모의 '조건 없는 사랑과 무한한 지지'가 가진 영향은 연구대상자였던 중학교 2학년생들이 고등학교 졸업하던 해에야 나타나 연구자들을 놀라게 했다.

> Children who have close grandparents are more likely to achieve success in the high school years than children who lack such ties

> they have done worse than expected by the 12th grade - these children are not likely to have access to significant grandparents.

조부모와 가까운 아이들이 그렇지 않은 아이들보다 고등학교 졸업 때, 성적이 더 높았다.

조부모와 가깝지 않은 아이들은 고등학교 졸업 성적이 기대치보다 낮다.

글렌 엘더 교수 연구팀의 결과 발췌

고등학교 졸업식에서 밝혀진 비밀

조부모와의 오랫동안 그리고 청소년기에 이를 때까지 자주 교류를 했다고 밝힌 아이들이 고등학교를 졸업할 무렵이 되었다. 다른 핵가족 그룹에 비해 졸업률은 높았고, 알코올, 약물의존도가 낮았다. 특히 연구자들을 놀라게 한 것은 아이들의 졸업 성적이었다. 연구진은 심층면접 초기, 아이들이 고등학교 기대 학업 성적을 조사했었다. 졸업 성적과 비교해보니 조부모와 친밀한 그룹은 이 기대성적 이하로 떨어지는 경우가 드물었다. 아이들이 중학교 때 보여준 학습능력 페이스를 졸업 때까지 유지했다는 뜻이다.

학습능력은 학년이 같아도 개개인의 차이가 있다. 그런데 조부모와 자주 만나고, 조부모가 자신의 인생에 중요하다고 말한 아이들은 외부의 영향에 상관없이, 자신이 가진 학습능력을 모두 발휘한 것으로 평가된다. 연구대상자 중에는 이 시기에, 부모의 이혼, 별거 같은 가정의 변화나, 경제적인 어려움을 겪은 경우도 있었다. 그런데도 아이들의 학습능력은 저하되지 않았다. 글렌 엘더 교수는 조부모의 존재가 아이들에게 실질적·심리적 '저지선'의 역할을 해주는 것이라고 평가한다.

> 자주 손주와 조부모가 만나는 집이라면, 조부모의 손주에 대한 사랑과 관심, 돌보는 정도도 높으니까요. 학교생활에 대한 관심도 높을 거구요. 또 하나 손주 입장에서는 조부모가 손주를 향해 가지는 레벨, 기대와 열망에 대해서 부응하려는 노력을 한다는 거죠. 대부분의 조부모는 손주에게 무엇이든 할 수 있다는 용기를 주려고 노력합니다.
> – 글렌 에이치 엘더 주니어(Glen H.Elder,Jr.) 교수

글렌 엘더 교수는 바로 이런 조부모의 존재가, 교육적인 혜택에서 소외된 것으로 알려진 미국 농촌지역 청소년들의 졸업률을 높이는 데 큰 역할을 하고 있다고 평가했다. 아이들이 보인 특성과 조부모와의 친밀관계, 그 상관관계는 단지 아이오와에서만 나타난 우연이었을까?

조부모가 손주들에게 미치는, 세대를 건너뛴 격대교육의 효과와 중간세대인(그러나 아이들의 인생에 있어 가장 중요한) 부모 세대의 역할을 분리해낼 수는 없다. 가장 간단하게 생각할 수 있는 것은, 조부모 1세대가 3세대인 손주에게도 긍정적인 교육효과를 미칠 만큼 좋은 조부모라면 당연히 과거에 좋은 부모였을 것이고, 그 좋은

부모의 양육방식을 본받아 2세대인 부모 세대도 바람직한 양육환경을 조성했을 것 아니냐는 도식이다.

그런데 부모의 노력만으로는 충분하지 않은 그 무언가도 1세대 조부모가 채워줄 수 있다는 연구 결과가 나왔다. 미국의 유타 주에 위치한 브리검 영 대학(Brigham Young University)에서였다.

격대교육과 친사회행동성향

연구팀은 연구대상자들에게 감정적으로 조부모와 가깝다고 느끼는지, 얼마나 사랑하는지, 대화를 얼마나 하는지, 얼마나 자주 만나는지, 얼마나 자주 전화를 하는지, 고민이 있을 때 고민상담은 얼마나 하는지, 조부모님이 고민에 대해 조언을 해주었을 때 얼마나 힘이 되는지 아니면 중요한 결정을 내리기 전에 조부모님과 얼마만큼 상담을 하는지를 물어보았다.

이 질문은 만 10세에서 15세의 아이들과 부모와의 애착 정도를 알아보는 데도 유용하게 사용되는 질문이다. 같은 지붕 아래 살지 않고, 주양육자가 아닌 조부모와의 애착 정도는 아이의 성격 형성에 커다란 영향을 끼치지는 않는다고 여겨져

제러미 요거슨 교수

왔었다.

그런데 조부모와 친밀하게 느끼고 자주 연락한다고 대답한 아이들, 즉 조부모와 애착형성이 잘되고 10대까지 유지됐다고 평가된 아이들에게서 유독 높게 나타나는 성향이 있었다. 바로 친사회행동(pro-social behavior, 보상을 바라지 않고 사회를 이롭게 하기 위해 하는 행위. 봉사, 기부 등의 형태로 나타남)성향이 높게 나타난다는 것이다.

> 친밀관계 밖의 사람들, 즉 복도에서 지나치는 사람들 혹은 주변의 모르는 사람을 돕기 위해 봉사활동을 나와요. 친구와 가족의 범위를 벗어난 사람들에게까지 친절하다는 거죠. 이게 아이들이 자신의 조부모님을 보고 따라하는 것인지, 어쩌면 조부모님이 아이들을 가르치는 것일 수도 있구요. 단순히 친절에 대해서 이야기하는 것일 수도 있어요.
> – 제러미 요거슨(Jeremy Yogurson), 브리검 영 대학교 가족생활학부 교수

이 친사회행동성향은 부모와의 애착 정도와는 별도였다. 10대의 특성상 일시적일 수는 있으나 부모와 대화가 줄고, 정서적으로 멀어졌다고 느낀 아이들도 조부모와의 친밀도가 높으면 친사회행동성향이 높았다. 부모와의 애착관계 정도가 높은 아이들이라도 조부모와의 친밀도가 낮은 경우 친사회적행동성향은 조부모와 친밀도가 높은 아이들보다 낮았다.

아이들이 할아버지 할머니와 보내는 시간 동안 어떤 대화를 하고, 어떤 활동을 하는지는 각각 다양할 것이다. 할아버지 할머니마다 손주를 대하는 성향과 말투도 모두 다를 것이다. 손주들에게 강조하는 삶의 가치도 다를 수 있다. 부모가 아이의 인생에서 우선순위를 두는 것이 다 다른 것과 마찬가지로, 어떤 조부모는 학업성적의 중요성을 강조할 것이며, 어떤 조부모는 사회적 성공의 중요성을 최우선으로 삼을 수도 있다. 그런데 아이오와의 경우에서 보았듯이 고등학교 졸업률이 높아지고, 브리검 영 대학의 연구 결과대로 친사회행동성향이 높아지는 공통적인 특징이 실제로 나타나고 있는 것이다.

제러미 요거슨 교수의 연구도 처음에는 조부모의 영향에 대한 회의를 품고 시작했다. 예를 들어 조부모와 아이에게 미치는 영향이란 결국 직간접적인 경제적인 도움이 아니겠냐는 것이었다. 하지만 연구 결과는 달랐다.

조부모가 아이에게 용돈을 주는 것은 친밀도와는 관련이 없어요. 단 조부모가 아이에게 용돈을 줄 경우에 효과가 있는 부분이 있는데, 그것은 한 부모 가정일 때입니다. 조부모로부터 많은 적든 용돈을 받는 한 부모 가정의 아이들은 학교활동에 적극적으로 참여하게 되더군요. 학교 출석률, 과제제출 같은 것 말입니다. 아무래도 미국의 경우 한 부모 가정이 경제적으로 곤란을 겪고 있을 때가 많으니까요. 그런 경제적 곤

란이 없는 경우의 가정은 용돈 여부와 상관없이 조부모의 긍정적인 영향이 나타납니다.

― 제러미 요거슨(Jeremy Yogurson), 브리검 영 대학교 가족생활학부 교수

아이들은 조부모가 자신들에게 실용적 기술을 가르쳐주기도 하고, 용기를 북돋아주고, 학교 관련 여러 가지 일을 처리하는 데 도움을 준다고 했어요. 물론 재정적 도움을 주는 경우도 있었는데 그 도움은 가장 덜 중요한 부분으로 꼽더군요.

― 글렌 에이치 엘더 주니어(Glen H. Elder, Jr.) 교수

조부모와 함께할 때 얻는 높은 인지점수, 학업 성취율, 친사회행동성향 등은 어디서 기인하는 것일까? 연구자들도 당황하게 한 격대교류가 주는 효과에 대한 의문점은 아직도 풀리지 않고 있다. 다만 확실한 것은 조부모가 단순히 젖병을 물리고 기저귀를 가는 보모 이상의 영향력을 인생 전반에 걸쳐 끼친다는 것이다. 그런데 그 긍정적인 영향력을 가장 먼저 간파한 것은 서구의 연구진은 아니었다. 이미 수백 년 전, 격대교육이 아이들 교육에 효과적이라는 통찰은 이어져오고 있었다.

개구쟁이 손주가 마냥
예쁘기만 한 이유는?

 희끗한 백발의 조부모와 홍조를 띤 손주들이 함께하는 모습은 요즘 어디서든 쉽게 눈에 띈다. 어린이집, 유치원 등하굣길에도, 아파트 놀이터에도 조부모와 손주로 보이는 짝이 등장한다. 맞벌이 부부가 늘어나고 조부모가 아이의 양육을 맡으면서 나타나는 현대의 풍속도라고 생각하지만 실은 우리나라가 급속히 산업화, 핵가족화되면서 일시적으로 사라진 모습일 뿐이다.
 격대교육이란 조부모가 손자녀들과 함께 생활하면서 부모 대신 교육시키는 것을 말한다. 예부터 명문가에선 손주가 조부모 방에서 지내며 예의범절과 삶의 자세를 배우는 것이 전통이었다. 우리나라에서 제일 오래된 육아일기 역시 놀랍게도 할아버지가 손자를 키우며 적은 것이다. 조선중기 선비 이문건이 쓴 최고(最古)의 육아일기 《양아록》에는 격대교육의 특별한 지혜가 숨어 있다.

"응당 상세하고 천천히 타일러줘야 할 것이니, 조급하게 윽박지른다고 무슨 이득이 있으랴"

기대치가 높고 욕심이 많은 부모보다 눈높이 교육과 관찰에 있어서 조부모가 더 유리함을 간파한 것이다. 이는 최근 과학적으로도 밝혀졌다. 캘리포니아 대학 샌디에이고 캠퍼스(UCSD) 연구진이 MRI 등을 통해 뇌를 연구한 결과 노년은 새로운 것을 학습하는 데 지장이 없을뿐더러, 감정 호르몬의 영향을 덜 받아 종합적 판단력이 젊은 층보다 한층 높다는 것이다.

퇴계 이황도 손자의 교육에 관여했다

일례로 우리나라의 민화를 들여다보자. 아기들 옆에는 할아버지, 할머니 연령대의 인물이 자리 잡고 있다. 전통대가족에서 손주 교육은 조부모에게 일임된 일이었다. 이렇게 조부모들이 손주들의 교육을 일임하게 된 이유는 현대와는 좀 다르다. 많은 자녀를 낳았던 전통사회에서는 여성들이 거듭된 임신과 출산으로 양육이 힘들어진 탓에 젖을 떼는 시기부터 자연스럽게 할머니가 손주를 보살피게 되는 역할 분담이 이뤄졌다.

하지만 조부모의 역할은 영아 양육과는 거리가 멀다. 보통 아이들이 엄마에게서 떨어지는 시기는 우리나이로 5세, 만 3세 이후가 대부분이었다. 할머니는 손주들의 옷 입기, 식사예절, 말버릇까지 생활 교육을 전반적으로 담당했다. 그리고 동시에 전래 놀이와 동요 등을 가르치는 교사로서의 역할도 수행했다. 유아교육기관이 없던 당시 조모의 방은 현대의 어린이집과 비슷한 기능을 담당한 것으로 평가할 수 있다. 실제로 조모의 무릎을 중심으로 모여 앉은 채로 이루어진다고 해서 '무릎학교'로 불리기도 했다.

조부의 경우도 손주 교육의 임무에서 벗어나지 못했다. 특히 남아의 경우는 6~7세가 되면 사랑채로 건너가서 조부와 함께 기거하며 공부를 시작했다. 현대 사회에서는 갓 초등학교에 들어갈 어린 아이지만 손님을 맞을 때는 반드시 불러들여 일상생활에서 자연스럽게 어른을 응대하고, 의사소통하는 방법을 가르친 것이다.

"오늘 안동에서 보내온 과거시험 합격자 명단을 보고 너희들이 합격했음을 알게 되었다. 요행임을 알면서도 너무나 기뻐서 어찌할 바를 몰랐다. … 너는 벌써 '주역'을 읽고 있지만 '계몽'도 읽지 않을 수 없으니, 이때를 놓쳐서는 안 될 것이다. 곧장 내려와서 이들과 함께 '계몽'을 읽는 것이 좋겠다."

1560년경 퇴계 이황이 손자 안도에게 보내는 편지의 내용이다. 160통이 넘는 편지에는 오늘날의 여느 조부모 못지않게 손주 교육에 대한 관심이 지대했음이 드러난다. 근엄한 대학자도 손주의 교육에 일희일비했음을 알 수 있다.

전통사회에서 할머니 할아버지의 역할은 '육아 담당자'라기보다는 '교육자'로서의 측면이 강조되었다. 생활예절은 물론이고, 많은 가정에서 학문의 기본이 되는 천자문, 한글 교육은 할아버지 할머니에게 맡겨졌다. 그런데 그 이유는 생업에 바쁜 부모의 편의 때문은 아니었다. 오로지 학생이 되는 아이들의 입장에서 본 것이었다.

부모보다 조부모를 더 좋은 교육자로 본 것은, 부모의 경우 자녀에 대한 기대치가 높고, 아이가 그 기대치를 채우지 못하면 자칫 감정적으로 대응할 수 있다는 우려 때문이었다. 나이가 많고 경험이 많은 조부모의 경우는 감정을 잘 조절할 수 있어, 아이를 온화하게 교육시킬 수 있다는 논리다.

이런 격대교육 원리의 간파는 놀랍게도 최근에야 밝혀진 뇌과학 연구와 일맥상통하고 있다.

노화는 감정에 치우치지 않는 유연함을 준다

인간의 노화는 피부에 주름이 지고, 머리가 세는 것에서 시작되

 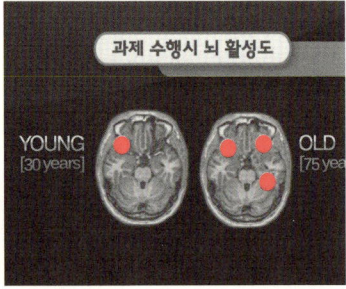

리사 엘러   뇌 활성도 비교

는 것이 아니다. 육안으로는 보이지 않는 뇌에서 가장 먼저 시작된다. 뇌 연구 전문가들은 MRI(자기공명영상법)를 통한 뇌 이미지만 봐도 연령을 맞출 수 있다. 노화가 진행되면 뇌의 전체 용량이 작아지고, 기억력을 관장하는 해마가 줄어들기 때문이다. 그런데 이런 변화를 부정적으로만 생각할 필요는 없다. 나이가 들수록 더 활발하게 작용하는 부분이 있기 때문이다.

편도체는 뭔가에 분노와 위협을 느끼고 너무 화가 나서 싸움이 날 때의 반응을 담당하죠. 아무리 작은 동물이라도 가지고 있는, 아주 기본적인 부분이에요. 그런데 이 편도체의 기본적인 감정에 대한 반응을 순화시켜 주는 게 기본적인 뇌의 부분, 인간 특유의 전전두피질, 즉 합리적이고 도덕적인 결정을 만드는 부분인데요. 노인들의 경우, 이 전전두피질이 편도체와 서로 잘 작용하고 있어요. 어떤 감정을 느낄 때, 극심한 스트레스를 느낄 때, 그 회복이 더 빠르다는 거거든요. 자신의 감정을 잘 조절하는 거예요.

— 딜립 제스트(Dilip Jeste), USCD 정신의학과

감정에 치우치지 않는 조부모라는 전통 격대교육의 통찰은 이런 노화의 특징과 일맥상통하는 면이 있다. 기억력 저하 같은 노화의 단점도 오히려 유연한 사고와 다양한 문제해결로 나타날 수 있다. 리사 엘러(Lisa T. Elyer) 박사가 진행한 실험은 안면인식과 관련된 기억력을 연령대별로 테스트한 것이었다. 수행능력은 별 차이가 없었지만 MRI를 통한 뇌의 활동은 대조적이었다.

연령층이 높은 사람들은 더 많은 뇌 반응을 보여요. 붉은 부분으로 활동이 표시되는데요. 젊은 층은 피질의 앞부분이 주로 활성화되는데, 노년층은 전체가 활성화되죠. 어떤 사람들은 '활동이 더 활발하다는 건 비효율적이라는 의미일 거야. 기계로 따지자면 같은 작업을 하더라도 덜컹거리고 철그렁거리고 불을 뿜어대는 추가적인 활동들은 비효율적일 뿐이야'라고 평가하죠. 하지만 다르게 보면 이건 노년층이 젊은 사람들과 다른 해결법을 찾는 데 더 익숙하다는 걸 설명해주기도 해요. 젊은 층은 하나 정도의 방법을 시도해보고 안되면 포기하면서 '이건 나하고 안 맞나보다'하는데 노인들의 뇌는 한 가지 일을 두세 가지 방식으로 해보는 데 익숙해진다는 거거든요.

— 리사 엘러(Lisa T. Elyer) 박사, USCD 정신의학과

아이를 위해 화를 내지 않고, 실패에 맞닥뜨렸을 때 포기하기보다는 다른 대안을 찾아내는 것은 부모라면 누구나 지향하는 이상적인 양육태도일 것이다. 그런데 그런 어려운 과제를 조부모들은 자연스럽게 갖추고 있을 확률이 높다는 것이다. 아이를 위한 육아리스트에, 어린이집 선정, 학원 등록보다 우선순위에 할아버지 할머니 방문하기, 전화하기를 넣어야 하는 것 아닐까?

지금 대한민국의 3%는 격대육아를 하고 있다

오늘날처럼 양육법을 열심히 '공부'하던 부모가 또 있었을까? 시중에는 양육서가 다투어 출간되고, TV만 켜면 과학적인 육아 정보가 쏟아진다. 인터넷상의 육아, 교육 커뮤니티는 열정적인 엄마들로 회원 수가 날로 늘어가고 있다. 아이들이 조금씩 커갈수록 해야 된다고 생각하는 활동 리스트도 길어진다. 어린이집, 유치원뿐 아니라 아이들을 위한 박물관, 전시회 등을 찾아다녀야 하고, 학원도 골고루 다녀야 한다. 이런 정보력에서 앞서고, 경제력으로 뒷받침해줄 수 있어야 아이에게 최선을 다한다고 생각하는 부모가 많다. 그런데 우리는 정작 우리 곁에 살아있는, 가장 훌륭한 양육·교육 지침은 활용하지 않는다. 바로 우리를 키운 우리의 부모, 아이의 조부모다.

아이의 양육자로, 교육자로 다른 전문가가 아닌 조부모를 선택한 사람들이 있다. 그 숫자는 제대로 밝혀지지 않지만 과거와 같이 3세대가 한 지붕 밑에 모여 사는 대가족의 숫자는 가계 비중의 약 3%다. 이중 많은 수가 한시적일 것으로 추측할 수 있다. 아이가 어린 시절 양육 도움을 받기 위해 세대를 합쳤다가, 아이가 학교에 들어가면 자연스럽게 분가하는 경우가 있기 때문이다. 그런데 이 한시적인 대가족에서 깨달은 교육적 효과 때문에 동거 기간이 길어지기도 하고, 때로는 물리적으로는 따로 살아도 격대 간의 정서적인 교류를 위해 의식적인 노력을 기울이기도 한다.

기존의 상식을 뒤엎는 최신 연구 결과가 나올수록, 3%의 속사정이 궁금해진다. 조부모의 양육방식에 다시 한 번 감탄하게 된다는, 대한민국 3% 격대교육 가정에선 어떤 일이 벌어지고 있는 것일까?

격대육아 전 주의사항

황혼 육아를 결정하기 전 체크 리스트

▫ 한 번 손주 양육를 결정했으면 일정 기간 동안 약속을 지켜야 한다. 아기의 양육자가 자주 바뀌는 것은 좋지 않다. 손주를 돌본 경험이 없다면 결정을 내리기 전에 한 주 정도만 시험적으로 양육을 맡아보고 신중한 결정을 내리는 것이 좋다.

▫ 손주 양육에 대해 배우자와 상의하라. 배우자가 도와줄 수 있다면 황혼양육이 좀더 쉬워질 수 있다. 단, 육아경험이 없는 배우자인 경우 실전에서는 도움이 되지 못할 수 있다는 것까지 감안해야 한다.

▫ 당신의 건강이 육아를 감당할 수 있는가. 젊은 시절 제대로 밥도 먹지 못하고 잠도 못자고 아기를 키웠던 전적인 육아는 나이든 육체론 감당하기 어려운 일이다. 얼마만큼의 시간과 에너지를 투자할 수 있는지 구체적으로 계산, 분담해야 한다. 아이의 이유식 준비, 잠은 부모가 재운다 등의 분명한 역할 분담을 하고, 정확히 요구하라.

▫ 어린이집 등 보육시설을 일정시간 이용할 수 있는가? 등원에 가장 이상적인 연령은 언제인가에 대한 질문에 정확한 답은 없다. 아이마다 특성, 발달수준이 다르기 때문이다. 다만 많은 학자들은 만 3세까지는 정서의 기초가 형성되는 시기이기 때문에 되도록 가족 구성원과 아이가 충분한 애착관계를 맺는 것이 좋다고 본다. 아이가 어린이집에서 보내는 5~6시간 동안 양육에 지친 몸과 마음을 다스릴 수 있다면, 손주의 부모와 상의해 어린이집 등원을 부분적으로 일찍 이용하는 등 여러 도

움을 받자.
- 다른 가족 구성원들이 당신이 아기를 양육하기로 한 것에 불만을 가질 수도 있다는 점을 감안하라. 당신의 손주가 한 명 이상일 경우, 그 불만은 가장 클 것이다. 양육으로 인해 다른 가족구성원이 소홀하게 취급받는다는 불만을 가질 수도 있다. 이런 불만을 미리 조율해야 아기가 가족구성원 안에서 골고루 사랑 받으며 클 수 있다.

시설이 따라잡을 수 없는 조부모와의 1:1 관계

안타깝게도 현재까지 우리나라 0~3세 영유아 양육은 경제적인 문제, 영유아보호 시설 부족 등으로 조부모가 맡을 수밖에 없는 상황이 많다. 조부모들이 가장 원하지 않는 노후로도 황혼육아가 꼽힌다.

하지만 영국의 경우는 오히려 중산층 이상의 가정에서 조부모가 손주 양육을 맡는 경우가 많다. 맞벌이 부부의 자녀들 중 취학 전 50%, 취학 직후에는 60%, 중학교에 진학할 즈음에는 80%가 조부모와 일정 시간을 보낸다. 아기가 자신을 사랑하는 성인(조부모)과 1:1로 대할 시간이 많을 때 일상적인 양육 행동에서도 교육효과가 나타난다.

19,000명의 아이들을 조사해본 결과, 중산층 이상 조부모들이 양육한 아이들은 3살에 이르렀을 때, 어린이집이나 탁아소 같은 시설에서 자란 아이들보다 뛰어난 어휘능력을 가지게 된다. 이 능력은 아이가 취학연령에 이르기까지 더 크게 벌어진다.

― 캐롤라인 브리슨(Caroline Bryson), Purdon Social Research 사회학자

격대교육(隔代敎育)
할아버지가 손자, 할머니가 손녀를 맡아
잠자리를 함께하면서 교육함

할아버지의 칭찬은
아이의 자신감을 높인다

할아버지, 할머니에게
손주란 무조건적인 내리사랑의 존재다.

'격대교육'이란 조부모가 특정교과목을 가르친다거나,
조부모가 교육자로서의 지식을 골고루 갖춰야 한다는 것이 아니었다.

조부모와 아이의 공감 속엔
아이의 마음을 열고,
뇌를 키우는 비밀이 담겨있다.

유년기부터 사춘기까지
부모의 말과 비슷하지만
전혀 다른 메시지를 전하는
조부모만의 비법은 무엇일까?

할머니의 칭찬은
엄마의 칭찬과 다르다

아이의 탄생부터 우리는 아이에게 수많은 말을 건넨다. 아이가 말을 하기까지 소위 듣기 활동에 들어가는 시간은 약 5,475시간이라고 한다. 하루에 다섯 시간씩 3년을 꼬박 다른 사람의 말을 들어야만 한 언어를 익힐 수 있다는 것이다. 이 시간은 아이의 언어능력, 어휘력이 키워지는 시간일 뿐 아니라, 단어선택의 미묘한 뉘앙스, 어투에 따라 아이의 향후 학업성취도, 인성, 생활 태도에 영향을 미치는 시간이 되기도 한다.

아이들과 공감하고, 교감하며, 좋은 영향을 끼치는 조부모의 말과 행동에는 부모와 미묘하게 다른 점이 있었다. 그 비결을 배워보자.

"잘했다!" vs "잘했다. 하지만…."

모의고사에서 또 성적이 올랐다. 이번에도 우수상을 탔다. 그러나 고3 아이가 자랑스럽게 내민 똑같은 상장 앞에서 동시에 터져 나온 두 어른의 환성은 미묘하게 달랐다.

A: 잘했다. 이러니까 널 믿을 수밖에 없어. 자기 관리 잘할 거라고, 믿어 세상에 태어나면 무엇이든지 노력하는 대로 되는 거야.

B: 잘하긴 했는데 좀만 더 열심히 하면 더 잘할 수 있었는데 안타깝네. 1등 할 수 있었는데….

A, B 모두 웃음이 가득 실린 목소리, 분위기도 화기애애해서 성적이 오른 것을 축하하고, 칭찬하는 분위기로 갈무리됐다. A는 아이의 할머니, B는 아이의 엄마다. 엄마는 아이들 앞에선 내색을 안 하려고 노력하지만, 대입 시험을 앞두고 마음을 졸이고 있는 상태다.

엄마: 아이들은 제가 성적에 신경을 쓰지 않는다고 생각하는데 실제로는 신경 많이 쓰이거든요. 저나 아이 아빠는 욕심이 좀 있어요. 좀 더 잘하게 노력하면 더 잘할 수 있을 거 같은데… 조급하고, 도달하고자 하는 그런 목표가 있어서 막 아이들 공부시킨다고 닦달하게 돼요. 교육적으로 어때야 된다고 하지만 막상 아이들 대하면 그렇게 안 되더라고요. 이

왕이면 내 아이가 1등 했으면 좋겠는 거죠. 제가 보기엔 조금 더 공부하면 될 거 같은데요.

미묘한 칭찬

웃음 속에 묻혔던 미묘한 칭찬의 차이를 아이들은 정확히 느끼고 있었다. 똑같은 칭찬을 들었지만 엄마의 말은 왠지 공부를 더 하라는 잔소리로 느껴진다는 것이다.

쌍둥이: 할머니는 저를 100% 믿어주신다는 느낌이 들어요. 엄마도 저를 믿어주시긴 하지만 할머니처럼 100%는 아닌 거 같아요. 엄마, 아빠는 뭔가 저에 대해서 고민도 많으시고, 의심도 많으시고…그러니까 할머니하고 얘기하는 것만큼 편하게 엄마, 아빠랑 얘기할 수가 없어요.

쌍둥이 남매를 두고 있는 엄마는 아이들의 교육에 있어서 성공 케이스로 꼽힐 수 있을 것이다. 서울에서도 교육열 높기로 유명한 학군에서 대입수험생이 될 때까지 쌍둥이는 상위권 성적을 유지해 왔다. 아들은 중학교에서 고등학교로 진학하면서 잠시 방황을 하기도 했지만 고등학교에 입학하면서 다시 성적이 오르고 있다. 딸은 현재 명문 외고에 재학 중이다. 엄마 역시 아이들에게 큰 불만을 표현하는 법이 없는 '쿨한 엄마'라고 자신한다. 맞벌이 때문에 친정엄마에게 육아를 맡겼던 쌍둥이들이 학교에 잘 적응하는 걸 보면서 할머니에게 본받고 싶은 양육방법이 있었다고 한다.

엄마: 남편이랑 가끔 이야기를 하는데, 우리 아이들 참 잘 자랐다 이런 말요. 우리 남편도 "장모님이 참 잘 키우신 것 같아!" 이 이야기 잘 하거든요. '잘'이라는 말에 모든 것이 함축이 되어있어요. 쌍둥이 할머니가 애들한테 칭찬도 많이 하며 키우시고, 좀 너그럽게 키운 부분 때문인지 아이들이 좀 자존감이 높아요. 자신감도 있어서, 뭔가 어렵다고 생각하는 게 없고 도전하고 그런 면에선 용기가 있더라고요. 그래서 저도 칭찬을 많이 하려고 아이들을 키우면서 노력했는데, 저는 일단 칭찬을 하고는 '하지만!' 이렇게 나가게 되긴 해요.

"나는 널 믿는다"

쌍둥이 아들이 사춘기 시절, 엄마 아빠와 대화를 중단했던 것도 '하지만!'라는 간단한 단어에 있었다. 의례적인 동의나 칭찬 후에는 언제나 지금은 학업에 집중할 때라는 일방적인 대화가 이어졌기 때문이다.

쌍둥이 아들: 제가 중학교 때 소극적이었어요. 스스로 뭔가 자신감 상실 그런 것도 있고, 자괴감도 있고…. 왕따까지는 아니지만 친구도 많지 않았고요. 그런데 어머니, 아버지한테 말하기는 좀 그랬던 게 공부를 강조하시고, 교우관계 이런 건 더 무심하셨어요. 그런데 할머니는 달랐

죠. 고민을 구체적으로 말하지 못해도, '널 믿는다'고 말해주시거든요.

엄마가 본받으려했던 할머니의 칭찬, 그러나 엄마의 '잘했다. 하지만!' 뒤에는 '1등이 아니구나. 좀 더 공부를 열심히 했으면 1등을 했을 텐데…', 라는 엄마의 실망이 가려져 있었다. 실제 내용상으로는 칭찬이 아닌 것이다. 하지만 할머니의 칭찬은 성적이 떨어질 때도, 학교생활에 적응을 못할 때도 어김없이 한결 같았다.

쌍둥이: 할머니 말은 항상 같아요. "너는 해야 할 것을 잘 지키고, 자기관리 잘하고, 이 사회에서 쓸모 있는 사람이 될 것이다. 그렇게 될 것을 나는 믿는다." 할머니 말을 듣다 보면 할머니를 실망시키는 사람이 되고 싶지는 않다는 생각이 들거든요.

아이들에게 성취감을 느끼게 하면서도, 자존감을 높여주는 할머니의 일관적인 행동은 아주 어린 시절부터, 사소한 일상에서 가족행사까지 이어진 것이었다.

쌍둥이: 저희 사촌들이랑 다 모이는 가족 모임이 많았어요. 그러면 할머니가 백일장을 여세요. 주제도 내주시고요. 글자 간신히 쓰는 아이도 있고, 벌써 학교 들어간 사촌도 있거든요. 장원도 뽑겠다고 상금까지 거시죠. 수준은 들쭉날쭉해요. 그런데 할머니 기준엔 우열이 없어요. 그

시간 동안 열심히 쓰기만 하면 돼요. 할머니는 다 칭찬해주시고, 다 장원이에요. 손주 한 명, 한 명이 다! 다 쓰고 나면 그 원고를 다 발표하게 하시면서 "이 표현은 정말 좋구나, 네 생각을 이만큼이나 표현하느라고, 정말 애썼구나." 칭찬하셨죠.

'너도 장원이다. 정말 애썼구나'라는 말은 어떻게 보면 무조건적인 칭찬처럼 보이기 쉽다. 하지만 할머니의 칭찬은 언제나 결과보다는 아이들이 애쓴 마음에 기울어져 있었다. 할머니의 집에는 아직도 당시 손주들이 쓴 원고가 고스란히 남아있다. 글자도, 생각도 여물지 않은 아이들의 원고는 이곳에선 어떤 저명 작가의 글보다 훨씬 더 큰 가치를 갖는다.

할머니: 그 어린 나이에도 자기 속에 있는 생각을 이렇게 글로 나타낸다는 게 정말 기특한 거죠. 제가 '시간', '사랑', 뭐 이런 어려운 주제도 내줬어요. 사실 애들이 뭘 알겠어요? 자기 생각인지, 남의 생각인지 구별 못하기도 하고 그렇죠. 어떤 손주는 '왜 이런 주제를 내줬는지 모르겠다'고 쓰기도 해요. 그래도 30분 동안 끙끙대면서 혼자만의 생각을 표현해오는 거예요. 대견하죠. 이걸 써오면 원고료라고 하면서 손주들 용돈을 주는 거죠.

쌍둥이: 무슨 일이 생겨도 덮어놓고 야단치지 않으셨죠. 뭔가 사고를 쳐

놓아도 할머니 도와드리려다 그랬다고 하면 오히려 칭찬해주셨어요. 저희 껴안고, '고맙다. 애썼다. 그런데 너희들이 조금 더 자란 다음에 도와주렴' 그렇게요. '믿는다, 믿는다, 믿는다' 이렇게 말씀하시거든요. 그게 지금 같은 때 힘이 되는 거예요. 저희가 잘못하면 할머니가 쏟아 부었던 애정과 헌신, 그런 것들이 전부 물거품이 되는 거잖아요. 저희가 잘 돼서 할머니가 저희를 자랑스러워 하셨으면 싶어요.

아이들은 어른들이 자신의 뜻을 관철하고 싶을 때 쓰는 칭찬과 진정한 관심과 애정에서 나오는 칭찬을 구분했다. 또 그에 따라 동기부여를 받기도 하고, 반대로 반항심을 갖기도 한다. 아이의 기를 죽이지 않겠다고, 아이에게 동기부여를 해보겠다며 건성으로 칭찬을 하고 있지 않은가? 그런데 이런 칭찬은 비난만큼이나 나쁘다는 경고가 나오고 있다.

부모로서 제대로 된 칭찬을 하고 있는가? 아이가 오늘 만족할만한 성적표를 가지고 왔다. 대견한 아이를 칭찬한다면 어떻게 할 것인가? 부모가 아이에게 무심코 던진 반응이 아이의 다음 시험에 어떤 영향을 미칠지 다음에서 확인해보자.

독이 되는 칭찬 vs 약이 되는 칭찬

10세 미만에게도 약이 되는 칭찬

실험실에는 7살 유치원생들에게 생소한 퍼즐이 놓여있다. 처음 보는 장난감에 아이들은 모두 호기심을 느끼는 듯 했다. 이 퍼즐을 이용해 간단한 입체 조립을 하는 과제가 제시되었다. 아이들의 연령에 맞는 난이도다. 시간을 정해 아이들에게 약간의 압박을 주었지만 아이들은 큰 어려움 없이 모두 조립을 완성했다. 과제를 성공한 아이들을 두 그룹으로 나누어 각각 다른 말로 칭찬했다.

A: "정말 잘했어요. 머리가 참 좋구나."
B: "정말 잘했어요. 진짜 열심히 했구나."

머리가 좋다는 칭찬을 받은 아이도, 열심히 했다고 칭찬을 받은 아이도 모두 만족한 표정이었다. 휴식 후, 아이들에게 두 번째 조립을 만들어 보라고 제안했다. 이번에는 첫 번째보다 훨씬 난이도가 높은 과제였다. 예상대로 제한시간 내에 한 아이도 성공하지 못했다. A와 B그룹은 칭찬의 종류만 다를 뿐, 모든 아이들의 조건은 동일하다. 한 번의 성공, 한 번의 실패를 경험한 상태다. 모두들 퍼즐을 완성하지 못한 것에 대해 안타까움을 표했다.

그런데 실험자가 아이들에게 자유 시간을 주고 자리를 뜬 순간,

이 두 그룹의 행동 양식은 눈에 띄게 갈라진다. 머리가 좋다는 칭찬을 받은 A그룹의 아이들은 더 이상 퍼즐에 관심을 보이지 않았다. 아이들은 멍하니 탁자를 두들기거나 익숙한 장난감을 찾아 자리를 떠났다. 신경질적으로 퍼즐을 분해하는 아이도 있었다.

열심히 했다고 칭찬을 받은 B그룹의 아이들은 퍼즐에 대한 관심을 잃지 않았다. 과제를 완성시키려 여러 가지 시도를 거듭한다. 실험자가 돌아올 때까지 아이들의 집중도는 떨어지지 않았다. 실제로 한 아이는 7살 연령대에서 불가능할 것으로 여겨졌던 조립을 완성해내고 환호하기도 했다.

두 칭찬 모두 성공 직후의 아이들을 기쁘게 해줄 수 있다. 하지만 한 번의 실패를 겪은 후에는 A그룹은 자신의 실패를 '지능' 탓으로 여기고 다시 도전할 의욕을 잃었고, 과제를 다시 해보려는 시도도 하지 않았다. 반면 B그룹은 과제에 대한 흥미를 잃지 않았다.

이런 칭찬의 상반된 효과는 보통 자신의 능력에 대해 많은 평가를 받는 만 10세 이상에게 만 적용될 거라고 여겨졌었다. 하지만 기존에 생각했던 것보다 훨씬 어린 연령의 아이들도 칭찬에 따라 실패에 대처하는 태도가 달라진다는 것을 알 수 있다.

약이 되는 칭찬은 학업 능력을 향상시킨다

스탠포드 대학의 캐롤 드웩(Carol Dweck) 심리학 교수의 실험은 이렇게 사소해 보이는 단어하나의 차이가 실제로 아이들의 인지능력을 떨어뜨리는 위력이 있음을 보여준다. 실험 방법은 다음과 같았다.

미국 초등 5학년생들에게 1차 테스트를 치게 한다. 실제 획득한 점수에 상관없이 모든 아이들에게 고득점을 받았다고 고지했다. 사용한 칭찬의 문장은 동일하다. 단지 밑줄이 그어진 단어 하나만 달랐다.

A: Good job! You must be very intelligent.
(잘했어. 정말 머리가 좋은가 보구나.)
B: Good job! You must be very hard-working.
(잘했어. 정말 열심히 공부했나 보구나.)

이어서 2차 테스트가 이어진다. 1차 테스트보다 조금 더 어려워진 문제였다. 그런데 hard-working 칭찬 B그룹에 속한 아이들은 1차 테스트에 비해 평균 30점이 올랐다. 반면 intelligent 칭찬 A그룹에 속한 아이들의 점수는 평균 20점이 하락했다. 과정을 칭찬받은 B그룹은 실제 실력을 뛰어넘는 문제해결 능력을 보여준 반면, 머리가 좋다고 칭찬받은 A그룹은 실제 실력보다 사고력과 문제해결 능력이 나빠지는 결과가 나온 것이다.

똑같은 칭찬으로 보이지만 어떤 결과에 대해 '지능'을 그 이유로 지목해준 순간 아이들은 그 판단에 갇혀버렸다. 어려운 문제를 대한 순간 아이들은 대처 방안을 찾지 못하고 다만 성적이 하락할까 전전긍긍했다. 이런 심리적 부담감은 성적하락으로 나타났다. '노력'해서 좋은 결과를 얻었다고 생각한 그 룹이 문제에 집중하고, 이런 자신감이 성적 향상으로 나타난 것과는 대조적이다.

> 똑같은 칭찬으로 보이지만 어떤 결과에 대해 '지능'을 그 이유로 지목해준 순간 아이들은 그 판단에 갇혀버렸다. 머리가 좋다고 칭찬을 받았던 아이들은 결과를 장담할 수 없는 도전에 응하기보다는 자신이 알고 있는 문제를 다시 한 번 풀겠다고 결정한 것이다.

더 놀라운 차이점이 속속 나왔다. 3차 테스트에는 아이들에게 난이도가 높은 시험지와, 난이도가 낮은 시험지를 직접 선택하도록 해보았다. 그 결과 B그룹은 높은 난이도의 시험에 도전하겠다는 답이 많았고, A그룹은 낮은 난이도의 시험을 보겠다는 의사를 밝혔다. 머리가 좋다고 칭찬을 받았던 아이들은 결과를 장담할 수 없는 도전에 응하기보다는 자신이 알고 있는 문제를 다시 한 번 풀겠다고 결정한 것이다. 몇몇 아이들은 두 번째 과제에서 점수가 안 나온 것에 대해 사실 자신은 머리가 나쁜 것이라며 좌절감을 표시하기도 했다.

이 실험은 단순히 아이에게 '머리가 좋다'는 칭찬을 하지 말라는 단순한 공식을 말해주는 것이 아니다. A그룹과 같이 아이가 어떤 과제를 이뤄내기 위해 행동한 것과 무관한 '자질'을 인정하는 경우를 '결과 칭찬', B그룹과 같이 아이의 '노력과 행동'을 인정해주는 것을 '과정 칭찬'이라고 부른다.

결과가 나쁘더라도 아이의 노력은 인정하고, 시행착오를 교정할 수 있는 기회는 과정 칭찬에만 있다. 그런 의미에서 아이가 바꿀 수 없는 조건(이 경우에는 지능)을 칭찬하는 것을 결과 중시의 칭찬으로 보고, 아이가 바꿀 수 있는 조건(노력, 투자하는 시간, 집중도)을 칭찬하는 것을 과정 칭찬이라고 본다.

결과가 나쁘면 어떤 칭찬도 따라올 수 없는 것이 보통의 부모다. '너는 머리는 좋은데 왜 공부를 안 하니?', '그렇게 공부를 안 하더니 성적이 이 모양이지' 라는 부모들의 흔한 말 역시 결과를 중시한 데서 나온 말이다.

자신감을 심어주는 칭찬

우리가 취재 중 만난 조부모들은 좀 달랐다. 그들은 무조건적인 칭찬이나 비난이 아니라, 과정이 변하면 결과도 변한다는 자신감을 심어주고 있었다. 2012년에 화제가 된 검정고시 최연소 기록의 신화가 있다. 유승원(당시 만 10세) 군은 초등학교 4학년 1학기를 마친 후, 만 9세에 중입검정고시, 3개월 후 고입검정고시, 그리고 8개월 만에 고졸검정고시를 합격했다. 하지만 유승원 군은 학년 초기만 해도 두각을 나타내기는커녕 하위권의 성적을 기록하던 학생이었다. 하지만 집에서만큼은 단 한 번도 자신이 공부를 못한다는 생각을 해본 적이 없다고 했다. 할머니의 마법 같은 속삭임 때문이었다.

유승원: '할머니 나 시험 봤다'라고 보여드리면 좋아하시더라고요. '잘했

다. 10개 중에 4개나 맞았구나. 내가 가르쳐준 것도 아니고 혼자 공부했는데도 이 정도면, 더 열심히 하면 더 잘하겠구나.'라고 하셨어요.

취재 중 만난 많은 아이들은 처음 성적이 떨어지거나, 실패하는 등의 좌절을 겪을 때 부모와 조부모의 상반된 반응을 기억하고, 그 순간을 자신이 사랑과 인정을 받은 기억으로 꼽는다.

오승준: 할아버지 할머니가 좋은 점은 우선 엄마, 아빠처럼 많이 혼내시지 않고요. 저를 많이 사랑한다는 표현을 자주 해주시는 거요. 제가 항상 전 과목에 '매우 잘함'이라는 성적표를 받다가 3학년 2학기 때 처음으로 두 과목인가 '보통'이라는 성적을 받았어요. 엄마는 곧장 "야 이놈아 왜 이런 성적을 받았어?"라고 화를 내시는데, 할아버지 할머니는 "괜찮다, 다음에 열심히 하면 성적 더 잘 나올 거야. 이 세상에 공부를 좋아하는 사람은 없다. 하지만 세상을 살아가긴 위해선 공부가 꼭 필요하다." 이렇게 말씀하셨거든요. 그 말씀이 기억에 남아요. 꾸준히 공부하는 것도 일종의 책임이구나, 그렇게 생각했죠.

장영주: 제가 초등학교 때부터 항상 1등을 한 건 아니에요. 그런데 성적이 나쁘면 엄마 아빠는 왜 이렇게 공부를 안 하냐고 막 고함지르고, 싫은 소리를 했죠. 할머니 할아버지는 성적, 등수 이런 걸로 얘기 잘 꺼내지도 않으시지만, 꺼낸다 해도 엄마 아빠처럼 화내진 않으실 걸요. 공부

를 열심히 해야 한다고 저 타이르시긴 하죠.

언뜻 부모와 대척점에 서서 아이 편을 드는 것 같은 조부모의 반응은 부모입장에서 보면 이상적이기만 할 뿐, 효율성이 떨어진다고 답답하게 여겨질 수도 있다. 하지만 이런 결과를 중요시하는 반응과, 과정을 인정해주는 반응의 차이는 아이의 뇌를 오랫동안 장악한다.

아이를 칭찬할 때 '노력'을 언급하라

미국 템플 대학(Temple University)의 엘리자베스 건덜슨(Elizabeth Gunderson) 연구팀은 시카고의 53명 유아들을 14개월, 26개월, 38개월 간격을 두고 방문, 아이와 부모가 함께하는 장면을 녹화했다.

38개월 전 아이들의 하루하루는 부모라면 감탄할 일투성이일 것이다. 누구나 한번쯤 '내 아이가 영재가 아닐까?'라는 생각을 하기도 한다. 몸무게 3.3kg 내외에, 신장 50cm를 조금 넘기던, 목도 제대로 가누지 못하던 여린 생명체가 어느 순간 눈을 맞추고, 엄마, 아빠를 부르는 경이로운 성장을 보이는 시기이다.

자신의 손가락도 제대로 못 움직이던 아이가 어느 순간 퍼즐을 맞추고, 주변의 소리에 귀만 쫑긋 세우던 아이가 부모를 곤란하게 하는 질문을 속사포로 쏟아낸다. 그런데 이 시기는 또한 주변에 대한 탐험이 활발해지는 아이로 인해 '하지 마!' 라는 금지어가 늘어나

■ 월령별 아이의 발달 상황 〈미국 CDCP: important milestones〉

	12~14개월	24~26개월	36~38개월
운동발달	도움 없이도 혼자 앉는다.	도움없이 소파 등에 뛰어 오르거나 내려온다	세 발 자전거를 탈 수 있다.
	혼자 일어서서 가구나 난간등을 붙잡고 천천히 걸음을 옮길 수 있다.	공차기를 하고, 뛰기 시작한다.	쉽게 뛰고, 쉽게 기어오른다.
	기대거나 도움없이 혼자 서 있을 수도 있다.	난간을 붙잡고 계단을 오르내릴 수 있다.	두 발을 교대로 움직여 계단을 오를 수 있다
언어발달	양육자가 하는 단어를 따라하려고 애쓴다.	익숙한 사람이나 가족의 이름을 부르면 손으로 가리킨다.	나, 너, 우리 같은 대명사를 사용한다.
	간단한 구두 요청을 이해하고 반응한다.	2~4개 단어로 된 문장들을 말한다.	2~3개 문장으로 이뤄진 대화를 이어갈 수 있다.
	'마마', '빠빠' 같은 간단한 유아어와, '오' 같은 감탄사를 사용한다.	어른들의 대화중에 들은 단어를 반복한다.	주변의 친숙한 사물들은 거의 이름을 안다.
인지발달	물건을 흔들거나, 부딪히거나 던지는 등 다양한 방법을 통해 알아보려 한다.	색상과 모양을 구별한다.	크레용이나 연필을 이용해 원을 그릴 수 있다.
	컵을 이용해 음료수를 마시거나, 빗을 이용해 머리를 빗는 등 물건을 정확히 사용할 줄 안다.	4~5개의 블록조각을 사용해 탑을 쌓을 수 있다.	6개 이상의 블록조각을 이용해 탑을 쌓을 수 있다.
	"장난감을 집어라"라는 간단한 지시에 따를 수 있다.	"신발을 집어서 신발장에 넣어" 같은 복잡한 지시를 알아듣고 행한다.	버튼, 지렛대 등의 움직이는 부품으로 된 장난감을 가지고 놀고, 문고리나 병 등을 돌려 열 수 있다.

는 시기이기도 하다. 옷 입는 것부터, 밥 먹는 것까지 느리고 서툰 손으로 '내가 하겠다'는 고집이 강해져 부모의 인내심을 실험하기도 하고, 잠시 눈을 돌린 사이에 화장품, 약품 뚜껑을 열어놓아 아차 싶

었던 순간은 누구나 한번쯤 경험했을 것이다. 자신이 원하는 곳으로 이동하는 것, 아무것도 없는 종이 위에 자신의 흔적을 남기는 낙서, 혼자 옷을 갈아입고, 밥을 먹는 일상생활까지도 아이들에겐 일생 처음해보는 성취이다. 그런데 이 시기 아이가 해내는 일에 부모들은 어떤 반응을 보일까?

과정 칭찬이 주는 변화 차이

연구팀이 분석해본 결과 아이에게 부모가 보이는 부정적, 긍정적 반응은 그 빈도수에서 크게 차이가 나지 않았다. 하지만 긍정적인 반응은 주로 '와'나 '멋지다'와 같은 단순 감탄사로 이루어져 있었다. 그 중 3% 정도만이 아이들에게 적극적으로 반응을 해주면서 칭찬을 해주었다.

연구진은 이 3%의 칭찬만을 다시 분석해 '과정'을 중시하는 말(열심히 해서 해냈구나, 열심히 해봐, 네가 한 방식이 맘에 든다, 좋은 시도인데 등)과 아이의 성격이나 결과에 중점을 두는 말(똑똑하구나, 이런 걸 하다니 다 컸네 등)로 나누었다. 부모라고 해서 똑같은 칭찬만 하는 것은 아니지만, 과정 중시의 칭찬을 좀 더 많이 하는 부모는 분명 있었다. 그렇다 하더라도 겨우 3%를 차지하는 칭찬, 이 말이 과연 아이들에게 가시적인 차이를 만들어낼까?

결과는 5년이 흐른 후 드러났다. 만 7세~8세가 된 아이들에게 아래와 같은 질문이 주어졌다.

- 아주 쉬워서 금방 찾을 수 있는 길 찾기 게임이 있는데 그 게임을 어느 정도 하고 싶니?
- 아주 어려운 수학문제가 있는데 대신 그걸 공부하다 보면 수학을 더 잘할 수 있는데 어느 정도 하고 싶니?
- 너는 점점 더 똑똑해질 수도 있다고 하는데 그 말에 어느 정도 동의해?
- 어려운 수학문제를 자꾸 틀리고, 수학을 하기 싫어하는 또래 친구에게 어떤 조언을 해줄 수 있을까?

과정을 칭찬받은 아이들은 쉬운 과제에의 도전을 묻는 첫 번째 질문에는 별 관심을 보이지 않는 반면, 새롭거나 어려운 문제에 대한 도전은 기꺼이 받아들이겠다고 답했다. 비록 도전에 실패하더라도 그 과정에서 자신의 능력은 향상될 거라는 강한 믿음을 보였다. 38개월 당시 아이들의 언어수준은 연결어를 이해하고, 대명사를 사용할 정도로 미약하다. 그런데 그런 유아들조차 칭찬의 미묘한 차이를 명확하게 느끼고 있었고, 그 영향력은 수년간이나 지속되고 있었다.

아이가 노력했다, 열심히 했다고 과정까지 칭찬을 받는다는 건, 아이들에게 성공의 원천은 노력과 실천이란 메시지를 전해주고, 오랜 세월이 지난 후에도 아이들로 하여금 노력하면 좋은 성과를 낼 수 있다고 믿게 합니다.

– 엘리자베스 건덜슨(Elizabeth Gunderson), 미국 템플 대학교 심리학과 조교수

약이 되는 칭찬의 요령

이렇게 아이들에게 자신감과 끈기를 높이는 칭찬 방법은 따로 있었다. 전문가들이 말하는 아이에게 약이 되는 칭찬의 요령은 다음과 같다.

칭찬의 요령

1. 아이가 납득할만한 경우에만 칭찬을 하라.
   너무나 쉽게 이루어낸 일에 대해 과도한 칭찬을 할 때 오히려 어른들이 하는 칭찬에 대한 신뢰만 떨어진다.
2. 칭찬을 할 때는 아이에게 관심이 있다는 것을 알려줄 수 있는 구체적인 표현을 사용하라.
   "글을 참 잘 읽는구나" 대신 "글을 읽을 때 발음도 명확하고 속도도 적당해서 듣기 좋구나 "라고 칭찬하라.
3. 아이의 노력과 끈기를 언급하라.
   "시험을 잘 봤구나" 대신 "시험 전에 공부를 열심히 하더니. 이 과목 성적이 좋아졌구나. 정말 잘했다!"라고 칭찬하라.

칭찬의 조건마저 이렇게 까다롭다고 미리 겁먹을 필요는 없다. 예

로 든 칭찬을 자세히 살펴보면 모두 아이에 대한 관심에서 나오는 것이라는 걸 알 수 있다. 아이가 무엇을 좋아하는지, 무엇을 잘하는지, 얼마나 시간을 투자했는지 지켜봤다면 저절로 구체적인 표현이 나온다. 조부모가 하는 칭찬이 효과적인 이유는 바로 아이들에 대한 지속적인 관심과 애정에서 나온다. 부모가 하는 칭찬과 어떤 차이가 있는지, 3세대가 한 지붕 밑에 살고 있는 집의 상황을 들여다보자.

초등학교 4학년생인 승준이와 유치원 졸업반인 유진이 남매는 평일 오후 시간 대부분을 할아버지 할머니와 보낸다. 남매의 활동은 일반 핵가족에서 부모와 자녀가 하는 활동과 큰 차이가 나지 않았다. 7살 유진이는 저녁식사 전 장난감, 훌라후프, 자전거 타기, 독서 등의 다양한 실내외 활동을 할머니 할아버지와 함께 했다. 초등학교 4학년생인 승준이는 할머니 할아버지와 직접 접촉하는 시간은 유치원생인 여동생보다 적은 편이다. 학교, 학원 수업을 마치면 과제물 준비, 독서 등은 혼자 할 수 있는 나이가 됐기 때문이다.

승준이와 유진이, 할아버지 할머니가 한 자리에 모이는 자리는 식사시간이다. 공교롭게 엄마 아빠 모두 야근으로 저녁식사에 함께하지 못한 날, 유진이는 처음으로 자전거 타기에 도전했었다. 할아버지는 기다리고 있었다는 듯이 손녀와 눈을 맞추고 엄지손가락을 들어 보인다.

할아버지: 오늘 할아버지가 보니까. 처음에 비탈길에 잘 못 올라오더니

나중에 쑥 한꺼번에 올라오더라고. 너무 잘했어.

손녀: 그 다음에 곧장 쭈르르 (미끄러졌어)

할아버지: 그 다음엔 그래 쭈르르 그냥. 오빠가 뒤에서 밀어줬잖아 세 번. 세 번 밀어줬지? 그 다음에는 유진이가 혼자서 낑낑대면서 페달 밟더니 정말 올라갔잖아? 그러니까 어려운 일도 그렇게 처음에는 도움 받아서 하다가. 끈질기게 노력하니까 어려운 일이 해결되잖아 그지? 할 수 있잖아. 처음에 안됐잖아 근데 유진이가 자꾸 연습하니까 되잖아. 그러니까 아무리 어려운 일도 자기가 하려고 노력만 하면, 노력을 끊임없이 하면 해낼 수 있지.

할아버지는 우선 낮에 놀이터에서 손녀에게 관심을 기울이고 있었음을 표시한다. 아이도 행동 하나하나를 구체적으로 상기시킨 후, '연습'과 '노력'이라는 단어를 정확히 언급하며 아이에게 칭찬을 하는 데 주목해보자. 이 칭찬에는 전문가들이 바람직한 칭찬이라고 꼽는 모든 조건이 담겨 있다. 할아버지에게 칭찬은 덕담과 크게 다르지 않았다고 한다. 하루 한 마디의 덕담을 위해 일부러 시간을 내어 아이들을 관찰하곤 한다는 것이다.

할아버지: 애들 엄마 아빠는 바빠서 그런지, 부모라서 마음의 여유가 더 없어서 그런지, 칭찬을 하더라도 뭔가 결과가 나오면 그것만 가지고 얘기하더라고요. 예를 들면 성적 같은 거 딱 보고 잘했다, 못했다 평가하

더라고요. 그래서 대신 제가 좀 노력을 합니다. 왜 잘했는지 과정을 짚어주는 게 애한테는 더 효과가 있지 않나 해서요. 어떤 과정이든 어려움이 다 있는데, 그런 과정을 잘 극복하고 이겨냈다 그 점이 자랑스럽고 장하다 이런 쪽으로 얘길 해주죠. 아이가 내가 뭘 '잘해서' 칭찬받았다 여기는 게 아니라 중요한 건 어떤 '과정이 의미 있다'는 걸 아는 거니까요. 그래야 본인이 다음에도 더 해보려 하고, 노력을 하더라고요. 그럼 직접적으로 말하지 않더라도 간접적으로 알아듣잖아요. '아 이 부분이 중요하구나'라는 걸.

놀랍게도 심리학, 교육학 전문가들이 여러 차례의 실험을 통해 밝혀낸 사실과 궤를 같이하는 통찰이다. 굳이 의도적인 칭찬이 아니더라도 할아버지 할머니의 화법과 일상에는 아이들의 자존감을 높여주는 요소가 골고루 들어있다.

그때그때 평가가 중요한 게 아니고 이렇게 진정으로 하고 있는 과정을 즐기는 사람, 그 과정을 중요시하는 사람들이 성공하더라는 것을 체험한 나이가 드신 분들이라든지요. 경험이 많으신 분이라든지요. 이러한 분들이 진정으로 과정이 중요하다는 걸 깨닫고 과정 중심적인 칭찬을 하게 되는 경향이 있습니다.

— 곽금주, 서울대 심리학과 교수

생떼가 아닌 아이의 행동은 제지하지 마라

아이의 습관을 만드는 보상과 처벌, 그 일관성은?

"잠잘 때가 제일 예뻐요." 하루 종일 부모의 손길을 필요로 하는 아이와 씨름하다 보면 저절로 나오는 말이다. 말대꾸도, 생떼도 부리지 않는, 잠든 아이의 말간 얼굴을 보면 아이한테 화를 냈던 것이 미안해진다. 주부 커뮤니티에는 아이에게 이성을 잃고 고함을 치고 말았다는, 한밤의 참회록이 올라오기도 한다. 비록 아이가 말을 듣지 않아서, 화를 낸 것은 후회하지만 '잘한 일엔 포상, 잘못하면 벌'이라는 양육원칙에 맞는다고 생각하고 있지는 않은가.

2003년 영국의 부모 87%는 자신의 아이에게 소리를 지른다고 응답했고, 무려 20%의 부모는 아이가 떼를 쓸 때는 체벌을 해도 괜찮다고 응답했다. 2013년 미국의 한 육아잡지의 조사에서도 47%가량의 엄마들이 적어도 한번은 아이를 체벌한 적이 있다고 대답했다. 과연 교육적인 효과를 노린 냉철한 계산을 통해 나온 벌이었을까?

아이의 뇌 발달을 제대로 이해하게 되면 화를 낼 일이 없을 거라는 말이 있다. 출생 당시 불과 340~500g의 무게를 차지하는 뇌는 생후 최초 3년 동안 두 배로 성장한다. 생후 5년이 되면 뇌성장의 90% 가까이가 이뤄진다는 연구 결과도 있다.

만 3세 이상이면 생떼를 쓰고 감정기복이 심하던 아이도 어느 정도 안정을 찾는다. 그 중에서도 비교적 늦은 시기인 만 3세에서 10

세까지 꾸준히 성장하는 부위가 있다. 바로 인간을 인간답게 만든다는 전두엽이다. 전두엽은 종합적인 사고, 인간성, 도덕성을 주관하는 곳이다. 아이들의 말솜씨는 제법 빨리 여물어 의사소통이 활발해질 때까지도, 전두엽은 충분히 발달되지 않는다. 아이들은 충동적이고, 집중시간이 짧을 수밖에 없다. 도둑질을 한다 해도 5세 정도의 유아는 지적, 도덕적인 발달이 제대로 이뤄지지 않아 남의 것과 자신의 것을 구별 못할 뿐, 인성에 문제가 있다고 볼 수 없다는 전문가들의 지적도 있다.

이렇듯 나이에 따라 뇌의 발달과 이뤄야 할 과제는 모두 다른데, 단순한 칭찬과 벌이라는 이분법으로 모든 연령의 아이를 다루고 있지 않은가? '일관성 있는 육아'를 하고 있다 자신하며 말이다.

조부모가 아이 버릇을 망친다?

아이 앞에서 화를 참지 못하겠다는 일반 부모들과는 정반대의 고민을 하는 사람들도 있다. 바로 손주를 대하는 조부모들이다. 놀이공원에서 손주와 시간을 보내고 있는 조부모들은 자신들이 손주를 사랑하고 함께 많은 시간을 보내기는 하지만 그것을 격대교육이라 부르기엔 멋쩍다고 했다.

"아이가 버릇이 없다고 오히려 자식들이 혼 좀 내시라고, 할머니 할아버지 힘들게 한다고 하는데 나는 그냥 예쁘기만 한데, 정말 손주들 버릇 망치는 걸까 걱정도 되지만 그래도 야단을 못 치겠더라고요. 그 나이 아이들이 다 그렇지 뭐 대수인가 싶고, 여하튼 교육은 안 되는 거죠"

"할머니 할아버지가 손주를 맡으면 정이 그냥 우러나서 마음속에서부터 정을 듬뿍 주는 거가 부모랑 다르고, 또 다른 게 할머니 할아버지가 손주들한테 야단칠 부분도 못 치고 그저 마냥 예뻐하는 것. 그렇게 내 아이 키울 때는 그래도 잘못했다고 좀 야단치게 되는데, 손주에겐 그렇게 못하겠더라고요. 손주는 더 예쁜 것 같아요."

정말 이들의 걱정대로 조부모가 야단을 치지 않아서 손주의 버릇을 망치고, 격대가 함께 하는 시간에는 교육적 효과가 없는 것일까?

사랑으로 교정되는 아이들

노부부가 호젓하게 살던 아파트에 난데없이 갓난아기 울음이 들리기 시작한 게 벌써 5년 전 일이다. 캐나다 유학생인 아들 내외의 요청에 생후 53일의 핏덩이 손자 유진이를 받아들였다. 이름도 생소한 예방접종에, 손에 익지 않은 분유타기까지 새로 배워가며 키운 유진이가 이젠 유치원생이 됐다.

저녁상을 막 물린 시간, 유진이는 갑자기 찾아온 손님이 할아버지와 이야기를 나누는 동안 에도 놀아달라는 사인을 멈추지 않는다. 할아버지의 주의를 끌기 위해 한글 단어장을 가지고 와 몸에 붙이는가 하면, 이야기가 길어지자 할아버지의 등을 타고 올라가기도 했다. 대화 상대자에게 양해를 구한 할아버지는 유진이를 내려 안아 웃어줄 뿐, 아이를 제지하지 않는다. 이런 상황은 무려 30분 이상 계속된다. 대화를 중단시킬 만큼 큰 소음을 내거나, 떼를 쓰지 않는데 무슨 상관이냐며 아이를 자유롭게 내버려두는 것이다. 할아버지가 유진이의 행동을 제약하는 곳은 공공장소뿐이라고 한다.

할아버지: 제가 교육학자도 아니고, 아동 전문가도 아니고…제가 격대교육이라고 생각하는 건 손자랑 같이 이불 펴고 자는 거죠. 매일 셋이 같이 이리 굴러다니고 저리 굴러다니고 그러면서 아이랑 스킨십을 참 많이 해요. 그렇지만 할아버지인 제가 오히려 부모보다 냉정하게 맺고 끊는 면이 분명하다고 생각해요. 이 아파트 놀이터만 가도 엄마들이 밥그릇 들고 나와서 아이들 졸졸 따라다니면서 밥을 먹이거든요. 전 절대 안 그래요. 어린이집, 유치원 다 처음부터 종일반으로 등록시켰어요. 그래도 유진이는 아무 문제없이 잘 적응했어요.

할아버지가 자신한 대로 유치원에서 만난 유진이에게선 집에서 본 장난꾸러기의 모습은 말끔히 가셔 있었다. 친구들과 다정하게 이야기를 나누면서도, 그 나이 또래 남아들이 보이는 산만함이나 짓궂음은 없다. 오히려 아이들이 줄 서는 걸 도와주거나, 슬리퍼 정리까지 챙기는 꼼꼼한 모습이었다. 유치원교사에게도 예의바르면서도 구김살이 없다는 평을 받았다. 이웃주민들도 감탄을 금치 못한다.

주민 1: 아침에 눈에 띌 수밖에 없죠. 할아버지는 매일 정갈하게 양복 챙겨 입고 손주 유치원 등·하원을 챙겨주세요. 할머니는 집 베란다에서 손자가 돌아볼 때마다 손 키스를 날리고 계시고요. 어떤 집보다 화목한 가정이고, 할아버지 할머니 사랑을 넘치게 받는 손주구나, 라는 생각이 들죠.

주민 2: 할아버지가 손주를 데리고 놀이터에 나오시면 동네 아이들이 다 몰려오죠. 아이들에게 다 다정하게 대해주시니까 인기가 많으세요. 엄마들한테는 오셔서 육아정보도 물어보시고, 부모보다 더 열성적이세요.

물론 유진이 때문에 할아버지 할머니가 속을 졸이는 일도 많다. 요즘 문제는 유진이의 편식이다. 조부모는 상의 끝에 아이에게 더 다양한 음식을 권해보는 걸로 결론을 낸다. 따지고 보면 유진이가 보인 문제는 또래 유아들과 다를 바 없었다. 편식, 잠투정, 옷이나 신발에 대한 고집도 겪었다. 그래도 할아버지 할머니는 아이에게 소리 한 번 높여본 적이 없다. 제일 심각했던 것은 할아버지 대한 과도한 집착이었다. 유진이는 할아버지의 관심을 독점하기 위해 발버둥을 치고 울면서 떼를 썼었다.

할머니: 할아버지가 다른 애들한테 관심을 보이면 울고불고 난리를 쳤

어요. 할아버지 손 끌고, 다른 애들은 만지지도 못하게 했었어요. 할아버지는 자기 건데 일종의 전유물인데 다른 애들한테 신경 쓴다 이거죠.

또래 아이들이 엄마의 치마폭을 잡고 떨어지지 않듯이, 아이는 할아버지의 소맷자락에 매달렸다. 어린이집에서 유치원으로 막 넘어가는 시기에 할아버지는 야단 대신 5분이면 도착할 유치원까지 30분을 걸려 산책하며 아이에게 충분한 시간을 주었다. 그렇게 아이는 조금씩 할아버지의 소맷자락을 벗어났다.

할아버지: 제 팔 한쪽은 항상 유진이한테 잡혀 있는 거예요. 안 떨어져요. 근데 어느 순간 그게 싹 없어졌어요. 이젠 내가 다른 사람들하고 말하는 거에 대해서 많이 관대해지더라고요. '이게 아이가 성장하는 단계구나' 보면서 이해하죠. '조금씩 커가는구나'…요즘에는 다른 데 가 있어도 할아버지는 내 거라는 그런 믿음이 있는 것 같아요. 그게 웃겨요.

유진이와 할아버지가 함께 보내는 하루 30분 등원길 산책은 계속된다. 나뭇가지에 매달리고, 벌레소리를 좇아 한바탕 뛰고 난 유진이는 할아버지의 배웅을 받으며 유치원으로 들어간다.

아이를 이해하려고 노력하다 보니 말은 줄고 행동이 늘게 됐다. 아이와 옷 문제로 실랑이할 때 할아버지는 소리를 높이는 대신 잘 다린 양복을 꺼내 입었다.

젊은 시절 혈기 왕성한 부모였을 때는 미처 깨닫지 못한 지혜였다. 한 치의 어그러짐 없이 엘리트 코스를 밟아온 자신처럼 아이들도 훈육으로 다스려야 한다고 생각했었고, 아버지는 엄한 존재여야 한다고 생각했었다.

할아버지: 사람이 항상 흐트러짐 없이 단정해야 한다는 걸 지금 유진이한테 말로 해도 소용없잖아요. 우리나라 나이로 겨우 6살인데…. 그냥 제가 모범 보이는 거죠. 매일 양복입고, 구두신고 유치원에 가는 거죠. 아이가 언젠가는 기억하지 않을까 하는 기대를 하면서요. 애들한테 모든 면에서 무조건 엄격해야 된다 생각했죠. 예를 들어 잘못하면 가차 없이 벌을 준다든지 말이에요. 지금 생각하면 벌주는 게 능사가 아니었는데…. 조금 다르게 유도했으면 제 아이들이 다른 면을 볼 수 있지 않았을까 싶어요. 그땐 그걸 몰랐죠. 손주를 키워보니까 알겠어요. 어른들은 자기 삶의 한 부분을 접고 그 접은 부분에 아이를 채워 넣어야 하는 거죠. 아이 위주로 어른들이 다 바꿔야 하는 거고… 바뀔 수밖에 없는 거죠.

조부모들은 아이가 내보이는 짜증, 불안, 생떼에 대해 자연스럽게 나이가 들어 사라질 때까지 기다리는 미덕을 보인다. 이들이 사용하는 언어에는 그 어떤 꾸짖음의 뉘앙스도 없지만 큰 꾸짖음보다 효과적으로 변화를 이끌어내고 있었다.

할아버지의 수업은
학원의 수업과 다르다

대한민국에서 3세대가 한 지붕 아래 함께 사는 대가족은 전체 3%에 불과하다. 아이의 출생부터 3살 정도까지 조부모 세대에게 양육을 부탁하는 한시적인 동거를 하는 대가족도 있다. 처음엔 양육을 목적으로 한 2~3년 정도의 단기 대가족을 이뤘다가, 아이가 성장하면서 오히려 교육적 효과 때문에 3세대 동거가 장기간으로 늘어나기도 한다.

격대교육은 아이에게 학업의 방향을 제시하기도 하지만 조부모와 손주 간의, 수십 년 세월을 뛰어넘는 특별한 소통의 창을 열어주기도 한다.

피자를 먹으면서 깨우친 8분의 3

사교육 1번지라는 강남 대치동에 사는 승준이 가족도 3세대가 함께 산다. 처음 승준이가 강보에 싸여 할아버지 집에 왔을 때만 해도 아이가 초등학생 고학년이 되고, 이곳에서 태어난 동생이 유치원 졸업반이 될 때까지 한 지붕 3세대 가족으로 살고 있을 거라곤 생각하지 못했다.

승준: 저희 반에서 저만 할아버지 할머니, 엄마, 아빠랑 한집에 살아요. 애들이 신기하게 생각하고 물어보죠. 할머니 할아버지랑 살면 불편하지 않냐. 그런데 저는 워낙 오래 할아버지 할머니랑 같이 살아서 너무 당연하게 느껴지고, 안 계시면 너무 막막할 거 같은데요?

승준이가 눈에 띄는 이유는 또 있다. 사교육 일번지라는 서울 강남의 대치동에서 얼마 전에야 학원을 다니기 시작했기 때문이다. 그것도 한 과목만 선택했다. 지난 2007년 통계청 조사에 따르면 맞벌이 부부의 90.6%가 사교육을 선호한다. 높은 교육열도 있지만, 주로 학교가 끝나고 부모의 퇴근 전까지 마땅한 보호자 없이 홀로 집을 봐야 하는 아이들을 위해서다. 할아버지 할머니 삼대가 한 집에 살고 있는 승준이는 꽤 늦은 나이에 학원에 등록한 편이다. 그런데 승준이의 사교육이 늦어진 데는 단순히 집에 봐줄 어른이 있다는 것 외에 또 다른 이유가 있었다.

이제 초등학교 4학년이 된 승준이는 1학기 전 과목 '매우 잘함'이라는 성적표를 받아 매우 뿌듯하다. 우수한 학생이라는 평가도 자랑스럽지만, 온전히 혼자 공부해서 얻은 결과이기 때문이다. 특히 다른 과목은 그리 어렵지 않았지만 지난 한 학기 동안 승준이를 괴롭혔던 과목이 있었다. 수학이다. 항상 전 과목 '매우 잘함'을 받았던 승준이가 처음으로 성적 때문에 야단을 맞기도 했다. 초등학생이 한 번쯤 시험을 망친 것이 무슨 대수냐의 문제가 아니라, 승준이 본인이 수학을 싫어하는 게 문제였다. 그런데 불과 한 학기 만에, 독학으로 수학 성적을 올릴 수 있었다.

처음으로 수학에서 '보통'이라는 평가를 받았던 3학년 2학기 당시를 승준이는 또렷이 기억한다. 항상 우등생이었던 승준이 본인의 충격도 컸지만 부모님의 반응도 처음 보는 것이었기 때문이다. 승준이는 모르는 일이었지만 당시 부모는 조급함을 느꼈다고 한다. 그리고 곧 엄마가 보기에 상식적이고 신속한 해결책을 찾았다. 유명 학원 등록을 서두른 것이다.

엄마: 학원을 급하게 알아보고, 어머님, 아버님께 말씀을 드렸죠. 학원 차량 픽업 때문에 아이 일정을 미리 말씀드려야 되거든요. 그런데 만류하시더라고요. 처음에는 귀찮아서 그러시나 애가 성적이 떨어졌는데… 싶어 서운했죠. 그런데 저를 붙잡고 얘기를 하시는 거예요. 아이 성적

이 떨어진다고 곧장 학원을 보내고 그러면 아이가 스스로 공부하는 마음이 떨어지지 않겠냐. 대신 할아버지가 수학과목을 좀 봐주시겠다고 하시더라고요. 그러더니 다음 학기에는 성적이 오르는 거예요.

승준이 할아버지의 수학 수업

할아버지가 승준이와 함께 책상머리에 앉아 있었던 것도 아니었다. 승준이가 어려워하는 부분을 해결하는, 할아버지의 교습 방법은 독특했다.

승준이: 제가 헷갈린 게 분수였거든요. 그런데 할아버지가 피자를 시키시는 거예요. 이 피자 한 판 총 다섯 조각에서 할아버지가 한 조각을 먹었다. 그리고 한 조각은 너한테 주었다. 우리 둘이 먹은 피자의 양은 얼마일까?

할아버지의 설명은 2/5라는 분수를 눈으로 직접 보게 하는 식이었다. 이런 설명은 종이접기, 나무 심기 등 승준이가 이해할 때까지, 승준이의 눈이 닿는 모든 것에 적용되었다.

할아버지: 우선 당장 부모는 바쁘잖아요. 직장 생활하느라 바쁘다 보니까 그냥 의욕만 앞서고… 애들하고 접촉하는 시간이 짧기 때문에 짧은 시간에 뭔가 성과를 얻으려고 다그치고 물어보고… 저는 그 과정을 아

이 옆에서 지켜보니까요. 알게 되는 거죠.

승준이는 스스로 수학 공부를 더 하고 싶다며 학원행을 자청했다. 승준이 엄마는 누가 시키지 않아도 학교 숙제를 마친 후에는 학원 과제물을 정리하는 아이를 보며, 교육은 멀리 봐야 한다는 조부모의 말을 인정할 수밖에 없었다고 한다. 학원에 보내면 당장 몇 점이 오른다더라, 어느 학원에 명강사가 있다는 정보를 구하기 위해 많은 시간을 투자했지만, 할아버지의 단순명료한 해법을 이기진 못했다는 것이다.

아빠: 승준이가 늘 그렇게 공부하는 게 좋다고 하진 않죠. 점수가 잘 안 나올 때도 있고, 잘 나올 때도 있어요. 하지만 대신 수학이 재미없어서 싫어한다든지, 공부 안 하겠다든지 그렇게 애길 하지는 않아요. 시험 점수는 좋을 때도 있고 나쁠 때도 있지만, 기본적으로 중요한 거는 그 공부를 하겠다, 그 공부를 대하는 마음가짐, 태도 이런 게 중요하잖아요. 할아버지가 왜 수학을 공부해야 하는지 얼마나 재밌는 과목인지 그런 것을 천천히 같이 애기해주면서 수학을 가르쳐줬던 거 같아요.

수학 숙제를 어려워하면서도 승준이는 책상을 떠나지 않는다. 부모가 맞벌이로 이른 출근과 늦은 퇴근을 하는 승준이의 경우, 주중에 부모와 얼굴을 대할 시간이 없을 때가 많지만 할아버지 할머니는 아이의 요청이 없으면 숙제 점검도 관여하지 않았다. 아이들은 저녁을 먹기 전에 학교 숙제와 학원 숙제를 끝내고, 저녁 식사 후에는 다음날 학교 준비물을 챙겨놓은 가방을 현관 앞에 놓고 잠자리에 든다. 이제는 끝난 할아버지의 수학교실, 그러나 그 시간이 강조한 자율성은 아직도 아이를 움직이게 한다.

포옹으로 시작하는 할아버지 수업

기진이는 초등학교 5학년 남학생이다. 지방도시에서 의사로 일하는 할아버지와 한집에 사는 3세대 가정의 장손이다. 경제적 문제 때문에 사교육 선택을 고민할 필요가 없는, 비교적 풍요로운 환경이라고 할 수 있다. 기진이는 또래 초등학생처럼 공부방 학습에 수학, 과학 학원을 다니고 있다. 그렇지만 기진이의 영어 선생님은 원어민 교사나 전문 강사가 아닌 할아버지다. 할아버지가 가르쳐준 것은 모두 귀에 쏙쏙 들어오고 이해가 잘된다는 손자 기진이의 고집 때문이다. 할아버지의 일정 때문에 영어 수업이 중단되었을 때는 실제로 영어 성적이 떨어지기도 했다.

이틀에 한 번 기진이는 할아버지와의 포옹으로 하루를 시작한다. 처음으로 1등을 놓친 기진이가 할아버지에게 졸라 얻은 영어 수업 기회다. 아직도 현역 의사로 일하고 있는 할아버지의 일정에 맞춰

평소 기상 시간보다 30분 일찍 일어나는데, 할아버지는 그때마다 손자 기진이를 직접 깨우는 수고를 마다하지 않는다.

그런데 제작진이 지켜본 그 영어 수업에 대단한 강의법이 있는 것은 아니었다. 기진이는 채 잠에서 깨어나지도 못한 채로 할아버지의 어깨에 기대어 함께 영어 강의를 듣지만, 할아버지와 함께 하는 시간을 한 번도 마다하지 않는다.

할아버지가 선택한 강의는 '전화영어'로 기초적인 회화 과정 중 한 동영상이었다. 그런데 할아버지의 역할은 영어 선생님이라기보다는 함께 수업 듣는 또래 학생에 가까웠다. 간단한 문장을 함께 따라 읽고, 동영상 강의에서 던지는 질문에 함께 대답하는 식이다. 기진이가 헷갈려하는 단어가 있으면 한 번 짚어줄 뿐이다. 그런데 왜 할아버지와의 강의를 거르면 성적이 떨어질 정도로 기진이에게 영향을 줄까?

기진: 할아버지하고 같이 공부하면요, 집중이 잘돼요. 다른 식구들하고 하면 조금 피곤한 게 많이 느껴져요. 방법은 똑같이 해도요. 조금 더 할아버지가 친근감 있으니까 안 지루한 거 아닐까요? 할아버지가 설명해주시면 귀에 쏙쏙 들어오고요. 할아버지가 얘기하면 내 머리에 오래 남아요. 할아버지랑 같이 하는 그게 좋은 거죠.

기진이 할아버지의 영어 수업

실제로 이 둘 사이에 이뤄진 영어 수업을 살펴보자. 지문은 다음과 같았다.

Can I speak to John, please?/ Sorry. He's out at the moment./ Can you take a message?/ Hold on. Let me get the pen.

아이는 동영상을 보고 따라하면서, 할아버지의 문법 설명을 듣는다. 함께 수업을 해온 할아버지는 새로 나온 단어가 있으면 먼저 집어낸다. 그 사이 기진이는 할아버지의 말을 따라 새로운 단어를 반복해본다. 이미 한번 나왔던 단어라면 앞서거니 뒤서거니 응용을 한다. 'Let me get the pen.'이라는 문장이 나오면 기진이가 'let me help you.', 할아버지가 'let me introduce my self.'라고 말하는 식이다. 할아버지와 기진이 사이는 일방적으로 가르치고, 배우는 관계가 아니었다. 반세기가 넘는 세월을 둔 두 학창시절이 함께 겹쳐진다.

엄마: 할아버지가 바쁘시거나 시간이 안 맞아서 저하고 공부를 할 때가 있었어요. 근데 엄마하고 하면 안 되겠다고 기진이가 그러더라고요. 저는 발음 기호 알려주고 재미없게 한대요. 할아버지는 인터넷을 서치해서 기진이한테 맞겠다 싶은 게 있으면 이거 어때 하고 소개를 시켜주시

거든요. 할아버지가 하자고 하면 관심 있어 하고 잘 따르게 되니까⋯.
전 애한테 욕심이 있어요. 이것도 좀 잘했으면 좋겠고, 어느 기대치에 올라오지 않으면 화를 낼 의도가 없었는데도 화가 먼저 나더라고요

기진이의 엄마는 교육대학을 졸업한 교사 출신이다. 아이의 교육 과정에 대해 잘 알고 있고, 효과적인 학습법에 대한 지식을 전공한 사람이지만, 아이의 눈높이를 기꺼이 맞추어주는 할아버지의 교육법이 얼마나 힘든 것인지 깨달은 것도 요즈음에서라고 한다.

할아버지와의 포옹으로 잠을 깬 기진이는 30분 내외의 수업 내내 할아버지의 어깨에 기대거나, 무릎에 손을 얹는 등, 다양한 애정 표현을 한다. 어쩌면 할아버지의 품이 주는 정서적 안정감이 할아버지를 명강사로 만들어주고 있는 것은 아니었을까?

아이의 영어 실력 향상은 할아버지의 첫 번째 목적이 아니었다. 아직은 할아버지의 얼굴만 봐도 웃음이 번지는 기진이. 하지만 이제 서서히 사춘기에 접어들 초등학교 5학년 학생이다. 아이와 할아버지는 부모도 모르는 고민을 공유한다.

기진: 엄마, 아빠한테 말 못하는 거 할아버지한테는 말할 수 있어요. 할아버지는 밖에 나가실 때 외에는 항상 제 곁에 계시거든요. 저하고 잘 통한다고 해야 하나. 저랑 할아버지는 좋아하는 것도 같고, 생각하는 것도 똑같아요. 그냥 다 같아요.

기진이와 부모의 사이가 껄끄러운 것은 아니다. 또래 남자 아이들에 비해서는 부모와의 대화도 많은 편이다. 숫자로만 따진다면 반세기 이상의 나이 차이가 나는 할아버지보다 아버지와 어머니가 세대차가 덜 나지만, 할아버지는 그 세대차를 뛰어넘는 노력을 해왔다. 또래 아이들이 좋아하는 동영상・스포츠 게임 등에 가장 먼저 호응을 보내주고, 기진이가 학원에서 늦게 돌아오는 밤이면 항상 불을 밝히고 기다려주는 사람도 할아버지였다.

할아버지: 집에 들어왔는데 응접실에 불이 꺼져 있으면 서운하잖아요. 그래서 아이 들어오는 거 기다리느라 초저녁잠을 못 자죠. 그럼 들어와서 무슨 말이든 나한테라도 말을 하니까요. 어리다고 고민이 없겠어요. 학교생활, 친구들 관계. 그런 것도 힘들면 애들은 혼자 방황만 하잖아요. 내가 들어주고, 얘기를 좀 해주면 낫지 않을까, 내가 손자한테 해줄 수 있는 진짜 교육은 그거 같아요.

신문에서 찾은 어제 배운 한자

　5년 6개월, 우리나이로 6살인 유치원생 유진이는 한글보다 한문을 먼저 배웠다. 아이가 원하지 않는 것은 억지로 시키지 않는 대신, 아이의 호기심이 번뜩이는 순간은 놓치지 말아야 한다는 할아버지의 교육관 때문이다. 할아버지 어깨너머로 본 신문에서 유진이가 찾아낸 재밌는 형체, 그것은 한자였다. 그 후, 유진이는 텔레비전을 보는 것보다 할아버지의 무릎에 앉아 한자 공부하는 것을 더 즐긴다.

유진이 할아버지의 한자 수업

할아버지가 신문을 펼치자 곧장 할아버지 무릎 위로 올라온 유진이, 20초 동안 유진이의 눈은 빠르게 신문에 있는 한자 중 자신이 아는 한자를 찾아 읽어낸다. 그날 신문표제에 크게 표시된 한자는 다음과 같았다.

〈中, 센카쿠에 감시선 2척 파견〉
〈격양된 中과, 센카쿠서 軍 무력시위할 수도〉
〈日정부, '독도는 일본땅'…70개 신문에 1주일 광고〉

'中, 日'이라고 약어로 표시된 한자의 음을 유진이가 읽으면, 할아버지가 그제야 알았다는 듯이 반복하면서 나라 이름을 줄여서 사용한 것이라고 자연스럽게 설명한다.

할아버지: 어 그렇구나. 이게 가운데 중이구나. 이게 날 일이고, 어 중국이라는 뜻이고 일본이라는 뜻이네.

획수가 많은 한자는 유진이의 도움을 요청하는 척 복습을 시켰다. 아이는 자신이 할아버지를 도울 수 있다는 생각 때문인지, 자랑스럽게 한자를 알려준다. 유진이는 이후 3분여 동안 일보(日報), 공고(公告), 부고(訃告)와 같은 한자들을 소리 내어 읽은 다음, 사람 人, 큰 大, 소 牛, 불 火 같은 익숙한 한자를 찾아내고 처음 본 한자단어를 써보는 데 열중한다.

유진이가 음을 읽고, 필순에 맞춰 정확하게 쓸 줄 아는 한자는 50개 정도라고 할아버지는 어림잡아 짐작했다. 한자에 관심을 보이기 시작한 지 한 달쯤 됐을 때, 잠깐 테스트를 해봤는데 쉬운 한자를 금세 익히더라는 것이다. 요즘 한자교육을 하는 유치원생들과 크게 차이 날 정도로 월등한 실력은 아니다. 하지만 유진이의 한자습득 속도는 인상적이다.

생활을 공유한 격대지간에 이뤄지는 교육은 특별한 교습방법이 없어도 효율적인 이유가 있었다. 예를 들어 '仙(신선 선)' 자는 전날 밤 잠자리에서 들려준 전래동화이야기에 나오는 '선녀의 선'이라며 흥미를 돋운다. '仙'을 분해해 할아버지가 人(사람 인)과 山(산 산)으로 이뤄진 글자라고 설명하고, 음이 '선'이라고 말해주자 유진이가 의아해하며 할아버지를 쳐다본다. 할아버지는 유진이와 눈이 마주치자마자 유진이가 무엇 때문에 자신을 쳐다보는지 알아차렸다.

할아버지: 어제 너 선생님 할 때 먼저 선(先)자도 있었지. 한문은 똑같은

소리가 여러 가지가 있어. 이건 선녀라는 뜻이고 요거는 먼저라는 뜻이고 그렇게 다르거든.

아이의 의문은 빠르게 해소됐다. 유진이는 이날 처음 접한 화(化)자를 보고 곧장 자신이 알고 있는 불 화(火)자를 떠올린다. 곧이어 지아비 부(夫)를 아비 부(父)가 뜻이 다르다는 것을 이해하고, 다시 한 번 두 글자를 나란히 써본다. 사실 신문 한 면당 나오는 한자는 지면에 따라 다르지만 표제만 보면 6~7개를 넘지 않는다.

'제대로 된 性교육이 답이다'라는 표제에 대해서는 선생(先生)에서 배운 生과 心이 합쳐진 것이라는 설명만으로도 유진이는 쉽게 한자를 기억했다. 여성(女性), 남성(男性) 등 함께 쓰일 수 있는 단어를 말해주자, 유진이는 이제 본격적으로 바닥에 엎드려 열심히 할아버지가 말하는 단어를 받아 적는다. 군(軍)자를 확실히 쓰는 것을 본 할아버지가 군인(軍人), 군사(軍士), 군대(軍隊) 순으로 조금씩 생소한 단어를 늘려낸다. 이러한 과정을 거쳐 이날 유진이가 새로 음과 훈을 배우고 써본 한자는 10개 정도였다.

유진이가 아는 한자를 복습하고, 새로운 한자를 배우고, 응용 단어를 써보고, 한자 생성 원리의 기초를 맛보는 이 모든 과정이 채 10분이 안 되는 짧은 시간에 이뤄졌다. 처음 한자 50개를 익히는 데 한

> 요즘 한자교육을 하는 유치원생들과 크게 차이 날 정도로 월등한 실력은 아니다. 하지만 유진이의 한자습득 속도는 인상적이다. 생활을 공유한 격대지간에 이뤄지는 교육은 특별한 교습방법이 없어도 효율적인 이유가 있었다. 할아버지는 유진이와 눈이 마주치자마자 유진이가 무엇 때문에 자신을 쳐다보는지 알아차렸다.

달이 걸렸다면, 이제 1분에 한 개꼴로 한자를 익히고 있는 것이다. 유진이가 처음 한자에 관심을 보이기 시작하면서, 일주일에 한두 번 알려주면 1년에 50자 정도는 외울 수 있을 거라고 생각했던 유진이 할아버지. 그런데 유진이의 학습 속도에는 점점 가속도가 붙고 있었다.

평범한 유치원생인 유진이의 집중 시간은 점점 늘어나고 있었다. 만 2세의 어린이는 약 5분, 만 3~4세에는 10~15분, 만 5세 이상의 어린이는 15분 이상 30분 정도로 한 가지 사건이나 활동에 주의를 집중한다는 걸 감안하면 유진이의 집중 시간은 놀랍다. 할아버지는 유진이가 직접 경험한 이야기 등을 인용해 즉각적인 흥미를 유발하고, 전래동화, 가족 이름 등 한문 한글자마다 유진이가 흥미를 놓지 못할 이야기보따리를 풀어놓는다.

할아버지: 갑자기 여기서 이 글자 모르는 거니까 지금 열 번, 스무 번 써서 오늘 익히는 건 아니거든요. 새로운 한자를 쓰고 다른 걸 써서 나중에 스스로 조합해서 이런 식으로도 응용할 수 있는… 서서히 자연스럽게 체계적으로 깨닫게 하는 게 낫겠다 싶어요. 그렇게 느긋하게 생각하니까 '이런 건 이렇게 조언하고 기다리면, 스스로 다음 단계로 올라가겠구나' 이런 게 보이는 거죠. 이제 최대한 허용할 수 있는 범위까지 기다리면서 허용해요.

우리말은 한자어가 60% 이상을 차지하는 만큼 한자를 알면 초등학교 고학력에 이르러서는 어휘력과 독해력이 급속도로 향상된다. 그 결과는 즉각적으로 보이는 게 아니지만 자신을 둘러싼 세계를 탐색하고, 자신 있게 나아가는 아이의 습관은 금세 만들어진다. 이런 하루하루의 누적이 아이의 인생을 변화시키고 있는 것은 아닐까?

아이 스스로, 원해서 하는 학습

앞서 언급한 할아버지 할머니가 아이와 함께 한 수학, 영어, 한문 수업을 들여다보면 뚜렷한 공통점을 찾을 수 있다. 아이들은 모두 자발적으로 공부를 시작했고, 평균 집중 시간을 넘어서도록 집중력을 잃지 않았다는 것이다. 또 수업은 선생님과 학생의 일방적 관계가 아니라 함께 공부하는 태도로 이루어졌다. 그리고 수업 내내 조부모와 손주는 스킨십과 웃음 교환이 끊이질 않았다. 아이들은 일정한 성과를 이룬 후에도 학습에 대한 흥미를 잃지 않았다. 조부모의 격려 속에, 싫어했던 과목에 대한 인내력을 기르기도 하고, 정서적 안정 속에 실제 실력 향상을 이루기도 했다.

아이들의 교육을 위해 부모와 조부모가 제시한 해결 방법은 각각 달랐다. 부모들은 주로 학원 정보를 먼저 찾았다. 당장의 성적을 올리는 데 효율적이라 알려진 길을 택한 것이다. 하지만 아이를 옆에서 지켜본 조부모들은 다른 선택을 했다. 아이가 어떤 부분을 어려워하는지 구체적으로 물어보고 파악한 후, 아이가 문제를 극복하는 동안 시간을 함께했다. 공부가 무조건 재밌는 것만은 아니라는 점도 분명히 인정해주면서 아이가 스스로 공부하는 법을 터득할 때까지 동참해주었다.

조부모가 가르친 것은 좋은 점수를 얻기 위한 지식이나, 요령이 아니었다. 초등학교 고학년만 되어도 학교수업을 도와줄 수 없을 만큼 학과목도 다양해지고 어려워졌다. 하지만 성공적인 학습태도에 대한 교육학자들의 주장은, 조부모, 부모, 아이 3세대를 관통해 달라진 것이 없다. 학습하는 과정을 즐기고, 스스로 학습의 목표를 세우고, 전략적으로 그 목표를 성취하는 힘을 키워야 한다는 것이다. 조부모들은 당장 그 결과가 보이지 않더라도, 조금은 돌아가는 길일지라도, 스스로 해나가는 습관을 키워주려 노력하고 있었다.

쾌락과 몰입의 호르몬, 도파민

전통 격대교육은 아이가 첫 배움을 갖는 시기, 너그럽게, 참을성 있게 아이의 우매함을 깨우쳐줄 수 있는 사람으로 부모가 아닌 조부모를 꼽았다. 조부모의 무릎에 앉아 처음 책을 펼쳐들었을 때, 아이들이 배운 것은 글자만이 아니다. 서툴더라도 스스로 해결해낼 때까지 기다려주는 인내심, 작은 도전을 스스로 성공해낸 후에 이어지는 격려와 인정을 조부모에게 받는다. 이런 교육을 받는 아이의 두

뇌에서는 어떤 일이 일어나는 것일까.

현대에야 밝혀진 전통 격대교육의 원리는 뇌의 신경전달 물질과 긴밀한 관계가 있다. 칭찬과 격려를 들은 인간의 뇌에는 쾌락과 즐거움, 뿌듯함을 느끼게 하는 신경전달물질이 분비된다. 흔히 '쾌락과 몰입의 호르몬'이라고 부르는 도파민(dopamine)이다. 이 도파민은 학습중인 아이의 뇌에 눈덩이 같이 불어나는 연쇄 효과를 일으킨다.

칭찬으로 공부에서 '쾌락'을 느끼게 된 아이는 역시 도파민의 작용으로 무엇인가를 하고자 하는 동기와 의욕을 느껴 '몰입'할 수 있게 된다. "열심히 노력해서 잘해냈다"는 말을 들은 아이는 낑낑대면서도 퍼즐을 완성하고, 밤새도록 수학 문제를 풀어내고 만세를 부른다. 학업성취로 얻는 '쾌감'은 다시 아이들의 뇌 속에 도파민의 분비를 높여준다. 열심히 공부해서 성적이 오르는 경험을 한 아이들이 더욱 공부에 열중하는 이유는 바로 성취 후 분비되는 이 '도파민' 때문이다.

반대로 야단을 맞는 아이의 뇌에는 '스트레이드 호르몬'이 분비되어 뇌에 있는 신경세포를 위축시킨다. 신경회로 사이의 신경전달물질 분비가 적어지면 정보의 흐름은 느려진다. '쾌락과 몰입의 호르몬 도파민'이 분비되지 않는 것은 당연하다. 아이의 집중력이 떨어지고, 기억력도 떨어진다. 무엇인가를 할 동력도 생기지 않아 무기력증에 빠지게 된다. 야단과 비난으로 학습의 중요성만 강조하면,

아이는 공부에 대해 '재미없는 것'이라는 인식을 가지게 되고, 다른 자극적인 즐거움을 찾게 된다.

 때로 도파민은 양날의 칼이 된다. 몰입의 다른 말은 바로 중독이다. 게임, TV 등에 중독되는 것도 바로 이 도파민 때문이다. 도파민 효과를 학습에로 이끌어 긍정적인 결과를 만들어내도록 해야겠다. 부모보다 기대치가 낮은, 조부모에게 아이를 맡겼던 전통 격대교육, 조부모의 칭찬은 아이의 도파민을 눈덩이처럼 불어나게 만든다.

손주의 멘토가 돼줘라

당신 인생 최초의 기억은 무엇인가? 두 살 전후의 극적인 사건을 단편적으로 기억하는 경우가 드물게 있지만 보통의 경우 만 3세 반 이전의 일은 잘 기억하지 못한다. 조부모와 함께 했던 영유아 시절을 이제는 학교에 들어가고, 사춘기에 이른 10대의 아이들은 까맣게 잊곤 한다.

심리학에서 '유아기억상실'이라고 부르는 이 현상은 기억이 불안정한 방식으로 저장되기 때문에 일어난다. 어떤 상황을 장기적으로 기억하려면 개연성과 언어적 이해가 필요한데, 유아기에는 아직 사고력과 언어능력이 그만큼 발달하지 못했기 때문이다. 하지만 이 시기의 행복했던 기억은 아이들의 인생전반에 걸쳐 정서적으로 많은 영향을 준다. 하지만 조부모와 10대가 좋은 관계를 유지할 때, 아이의 10대는 훨씬 풍부해진다.

10대가 된 손주와의 모닝콜

할아버지 할머니는 손녀와의 기억이 아직도 생생하다. 아침이면 닭소리를 흉내 내며 할아버지를 깨우던 2살 손녀, 어린이 집에서 만난 남자 짝과 결혼하겠다고 선포하던 3살 손녀, 주말 새벽 이마에 땀방울이 맺도록 힘차게 등산로를 오르던 5살 손녀, 그만큼 오랜 시간을 함께 했던 손녀 영주가 어느덧 6학년이 되었다.

할머니: 소꿉놀이 하고, 책상 밑에 들어가 숨바꼭질하고, 이불 밑에 숨자며 같이 덮어쓰고 킥킥대고… 그냥 손녀랑 동무같이 놀았어요.

할아버지: 손녀가 초등학교 2학년 땐 제가 맞은편 아파트에 살았거든요. 제가 창가에 서 있으면 교실에서 창문 열고, '할아버지, 할아버지' 절 불러요. 전교생이 다 쳐다봐도 아랑곳 안하고….

어제 일처럼 하루하루를 생생하게 떠올리는 조부모와 달리 영주의 기억은 단편적이다. 할아버지와 함께 책을 사러갔던 일, 손잡고 함께 떠났던 여행 등 모두 6살 정도의 기억이다. 엄마, 아빠가 퇴근하기를 기다리며 할아버지 할머니의 집에서 낮 시간을 보낸 영유아기는 영주에겐 어렴풋한 기억이다.

사춘기까지 지속되는 조부모 품의 온기

이제 6학년이 된 영주는 이제 더 이상 시도 때도 없이 덥석 안겨오지는 않는다. 말수도 많이 줄었다. 별다른 이유가 있었던 건 아니다. 그저 누구나 겪는 성장통, 사춘기를 겪고 있을 뿐이다.

엄마: 학교에선 아이가 긍정적이고, 친구들하고도 잘 어울린다고 칭찬하는데 집에서는 저랑 매일 싸우죠. 요즘 사춘기니까 그러려니 하면서도, 꼬박꼬박 말대꾸하고, 공부 안 하고 있는 거 보면 저도 못 참고 혼내고, 고함치고 그래요.

요즘 엄마의 말이라면 무조건 반발하는 영주지만 고분고분 말을 잘 듣는 때도 있다. 바로 할아버지 할머니를 만나러 가자는 말이다. 영주도 이유를 딱히 대지는 못한다. 막상 만나도 별다른 이야기가 없을 때도 많다.

영주: 요즘 할아버지 할머니 댁에 자주 못 가는데요. 집에서 엄마한테 막 혼날 때면, 할아버지 할머니가 너무 보고 싶어요. 어렸을 때 일이 자

세하게 기억나진 않거든요. 저 한글도 할머니가 가르쳐주셨다는데, 기억이 잘 안나요. 그런데도 할아버지랑 할머니랑 놀 때 정말 재밌었다는 건 기억하죠.

영주는 힘들 때마다 할아버지 할머니가 그리워진다고 한다. 어렴풋하지만 어린 시절 행복했던 기억에 기대는 것이다. 할아버지 할머니는 아이와 보냈던 시절의 육아일기를 손녀에게 선물했다. 얼마나 사랑스러운 아이였는지, 잔병치레를 얼마나 씩씩하게 견뎌냈는지, 한마디, 한마디가 얼마나 경이로웠는지가 고스란히 적혀있다. 여기에는 조부모의 사랑만 담겨있는 게 아니었다. 맞벌이로 낮 동안 아이를 보지 못하는 초보 엄마, 아빠의 절절한 마음도 담겨있었다. 지금은 잠시 부모와 마찰을 겪고 있지만 그 기억은 영주의 기억 어딘가 남아있을 거라고 할아버지 할머니는 믿는다.

할아버지: 유년의 기억이라는 게 얼마나 끈질긴 건지 외국에 오래 살아서 모국어를 잊어버린 사람도, 노인이 되고 몸이 아파지면 모국어 밖에 못한다고 하더라고요. 영주가 커서 어디서 뭘 할지 모르지만, 유년기에 할아버지 할머니랑 행복했던 기억을 떠올리면 도움이 되지 않을까 싶어 기록했어요. 좋은 기억은 결국 좋게 행동으로 나오니까요

영주는 매일 아침, 7시면 특별한 모닝콜을 받는다. 할아버지로부

터 걸려온 전화다. '잘 잤니?' 혹은 '오늘은 기분이 어때?'라는 다정한 말로 시작하는 하루. 서로 할 말이 없어 수화기만 들고 아무 말 못하는, 어색한 침묵이 흐를 때도 있다. 하지만 할아버지 할머니, 영주 모두 마다하지 않는 시간이다.

할머니: 아침 7시에 울리는 전화는 무조건 영주가 받아요. 할아버지나 할머니 전화라는 걸 알고 있으니까요. 교육이야 엄마, 아빠가 하는 거다 싶고, 우리는 영주 고민도 들어주고, 영주가 혼났을 땐 엄마, 아빠 입장도 설명해주고 그러죠.

엄마: 모닝콜이 할아버지 할머니랑 영주가 교류하는 방법이었던 거 같아요. 별 할 이야기가 없어도 꼭 시간을 정해놓고 전화하니까, 엄마, 아빠랑 마찰이 있을 때는 할아버지 할머니랑 이야기하면서 풀고 하는 게 있는 거죠.

영주: 엄마, 아빠는 그냥 절 무시하는 때가 있어요. '그냥 엄마가 하라는 대로 해'라고 하거나. 근데 할아버지 할머니는 조곤조곤 설명을 해주세요. 설득이라고 해야 하나…그렇게 해주시죠. 그러니까 엄마, 아빠한테 말하지 못하는 것도 할아버지 할머니한테는 말할 수 있어요.

영주는 할머니 할아버지의 사랑과 관심을 징검다리 삼아 사춘기를 건너갈 수 있을까? 연구결과는 그렇다고 낙관한다. 앞서 살펴봤던 미국 아이오와의 연구에서 할아버지 할머니를 자주 방문하고 연락하는 중학생들은 고등학교를 졸업할 때까지 기대 이상의 성적을 획득하고, 알코올, 마약과 같은 비행에 빠지지 않았다. 할아버지 할머니와 좋은 사이를 유지하고 있다고 평가된 10대는 타인에게 친절하고, 친사회적 성향이 높았다. 영·유아기에서 청소년기까지 이어진 격대관계는 어떤 백신보다 강력하게 10대 아이들을 보호해주고 있는지 모른다.

10대 청소년들이 직면하는 많은 문제들은 가족 내에 조언을 해주는 멘토가 있다면 피할 수 있는 문제들이에요. 물론 부모도 좋은 멘토가 될 수 있죠. 조부모와 부모 사이에 가르침의 내용에는 차이가 거의 없을 겁니다. 하지만 조부모와 부모는 각자의 역할이 있어요. 부모들은 해야 하는 일, 하면 안 되는 일을 엄격히 구분해 일상적으로 반복해서 가르쳐야 하죠. 하지만 조부모는 그렇게 엄격하지 않아도 돼요. 조금 더 너그러운 관계죠. 그래서 10대 사춘기 아이들은 부모가 하면 잔소리라고 반항을 하지만, 조부모가 하면 고려해보겠다고 조언으로 받아들여요.

—제러미 요거슨(Jeremy Yogurson), 브리검 영 대학교 가족생활학부 교수

어른이 되어서도 기억하는 따뜻함

이제는 할머니가 된 이현경 씨(64)는 이제 막 태어난 손주들이 크면 꼭 격대교육을 하겠다고 다짐한다. 할머니가 생각하는 격대교육은 지식을 전달하는 것이 아니었다. 자신의 할머니 할아버지가 했

듯이 아이와 눈높이를 맞춰 놀아주고, 행복한 기억을 만들어주는 것이다.

이현경: 할아버지 할머니는 언짢은 것도 아주 유머 있게 표현하셨어요. 놀다가 늦게 들어오면 혼날까 봐 조마조마하잖아요. 할아버지는 웃으시면서 제게 '너 누구냐? 네 이름은 뭐냐? 우리 손녀 맞냐?' 그러셨어요. 제가 '할아버지 전데요' 그러면 '너같이 생겼는데 너 아니다' 하셨죠. 그럼 전 웃으면서도 반성하는 거죠.

명문 종갓집에서 태어났던 할머니의 어린 시절은 주변에 비해 경제적으로 풍요로운 편이었다. 검소함을 강조하는 가풍 때문에 좋은 옷 한 번 입지 못했지만, 교육열도 높아 여중시절부터 서울로 유학을 시킬 정도였다. 하지만 낯선 도시에서의 학교생활이 사춘기와 맞물리면서 할머니의 방황이 시작되었다.

이현경: 제가 시골에서 살다가 서울에 올라오니까 촌뜨기가 된 거예요. 사투리를 쓰고 하니까 친구들이 어울려주지도 않고…제가 외롭고 힘들었거든요. 누구한테 이야기도 못하고요. 고향에서야 누구라고 알아주고 했는데 서울에서는 완전히 시골 촌뜨기밖에 안 되는 거예요. 굉장히 위축되어 있었어요.

요즘 말로 '왕따'를 당했던 거라며 이현경 씨는 웃는다. 아무도 말을 걸어주지 않고, 유령처럼 취급하던 시골출신 여중생. 지금처럼 전화하기가 쉬운 때도 아니었고, 교통도 불편한 시기여서 가족과 상의하기도 여의치 않았다. 엄격한 부모님은 문제가 있으면 그 문제에 직면해서 이겨내라는 현실적인 조언을 해줄 뿐이었다. 명절이 되어 고향을 찾아도 위축된 마음은 펴지지 않았다. 중학생이면 이제 다 컸는데 싶어 할아버지 할머니 품에서 위로를 바랄 수도 없었다. 그러던 차에 명절이 왔고, 형식적인 방문 뒤 우울한 발걸음으로 상경하는 순간이었다.

이현경: 뒤돌아봤는데 할아버지가 저 안 보일 때까지 서 가지고 손을 흔들어주고 계시더라고요. 한복을 입으시고요. 그때 할아버지와 보냈던 훈훈한 어린 시절 기억이 다시 돌아오면서, 내가 굉장히 소중한 존재고, 사랑받는 존재고, 우리 어른들한테 난 이런 존재라는 걸 친구들한테 말해주고 싶었어요. '니들이 지금 날 어떤 사람으로 생각하고 그러는지 모르지만, 난 그런 하찮은 사람이 아니야!' 외치고 싶었죠. 어린 시절 기억이 자기 자존감과 자긍심을 심어주었더라고요. 사춘기에, 그 힘들 때 할아버지 할머니에게 내가 얼마나 사랑받는 존재인가를 떠올리는 건 굉장한 거더라고요.

격대관계의 유지

조부모와 함께 쌓은 긴밀한 격대관계를 유지하는 10대는 많지 않다. 취재 중 만난 중·고등학생은 절반이 넘게(중학생 55%, 고등학생 66%) '할아버지 할머니는 명절에나 뵙는 분'이라는 대답을 내놓았다.

학생1(서울, 중2): 어렸을 때는 할머니 할아버지를 참 좋아하고 따랐던 거 같은데요. 지금은 별로 평소에 안 만나요. 사실 명절에도 시험이나 공부나 이런 저런 핑계 대고 안 가는 경우 있어요. 부모님도 막 꼭 뵈러 가야 한다고 그러시진 않으니까….

학생2(서울, 고3): 어렸을 땐 제가 할아버지를 잘 따랐다던데 지금은 왕래가 별로 없으니까 같이 애기 나눌 거리도 없고 또 사투리 쓰시니까 약간 제가 못 알아듣는 경우도 있거든요. 그러니까 좀 피하게 되는 경향이 있어요.

학생3(서울, 고3): 할머니 할아버지가 멀리 지방 사셔서 어릴 때는 자주 못 뵙는 거 너무 서운하고 그랬는데 지금은 커서 그런지 별로 그런 서운한 것도 없어지는 것 같아요.

2011년 조사에 따르면 10대 아이들 중 할머니 할아버지를 가족이라고 생각하는 경우는 10명 중 3명뿐이었다. 가족사진에선 조부모가 사라지고, 10대들의 통화목록에 할아버지 할머니는 찾아볼 수 없다.

조부모와의 관계가 단절되면 청소년들은 할아버지 할머니의 도움을 요청할 수 있다는 사실 자체를 잊어버려요. 조부모와 유아시절의 애착관계도 다 끊기죠. 10대 아이들은 별다른 생각 없이 가족에서 멀어져요. 10대 청소년들이 친구들과 어울리는 만큼 할아버지 할머니랑 어울릴 거라고는 기대할 수 없어요. 하지만 정기적인 대화를 통해서 가족이라는 유대감을 유지하고, 강화할 수 있어요. 그렇지 않다면 아이들의 인생에서 많은 걸 잃어버리고 사는 거죠.

-제러미 요거슨(Jeremy Yogurson), 브리검 영 대학교 가족생활학부 교수

격대관계의 지표

- 할아버지 할머니를 좋아한다.
- 할아버지 할머니와 이야기 나누는 것을 즐긴다.
- 할아버지 할머니 댁에 방문하거나 전화통화를 한다.
- 할아버지 할머니와 문제를 의논하기도 한다.
- 할아버지 할머니에게 조언을 구하기도 한다.

위는 브리검 영 대학교 플러싱가족프로젝트의 격대관계의 지표다. '그렇다'는 대답이 많을수록 격대관계가 아이에게 긍정적인 영향을 미칠 수 있다고 본다. 당신의 아이는 어떠한가?

할머니 할아버지의 젊은 시절 사진

가족의 결혼식, 졸업식, 손주의 돌잔치 등 각종 가족 경조사 사진이 다닥다닥 붙어있던 정겨운 시골집을 기억하는가? 안방 벽은 세대를 따라 흘러온 가족 역사의 기록이었다. 아이들은 돌아가신 증조부모, 고조부모의 낡은 흑백 사진을 보며 시대의 흐름에 휩쓸렸던 가족 역사를 듣기도 하고, 할머니 할아버지의 젊은 시절 사진을 통해 자신이 태어나기 반세기도 전에 일어난 일이 자신의 존재로 이어져 있음을 어렴풋이 느끼기도 한다.

조부모는 훌륭한 인생 멘토다

글렌 엘더 교수는 조부모와 멀리 떨어져 사는 10대 아이들에게 할아버지 할머니의 사진을 자주 보여주고, 이야기를 나누는 것만으로도 좋은 영향을 끼친다고 말한다.

할아버지 할머니의 이미지를 아이들에게 인지시켜주는 것이 좋습니다. 자꾸 화제로 올리고, 조부모가 존재한다는 걸 각인시키는 거죠. 격대에는 가족이란 단위가 끊어지기 쉬우니까 계속해서 연결을 지어줘야 합니다. 저희 부부 같은 경우가 그렇게 하는데 각 세대가 자신의 조부모에 대해서 잘 알고 있으니까요. 모두들 모여 이야기하다 보면 1820년까지도 거슬러 올라가요. 아이들은 자신의 가족사에 아주 자연스럽게 관심을 기울이게 됩니다. 세대마다 겪어온 시대상도 다르죠. 어떤 세대는 불황을 겪었고, 어떤 세대는 심지어 전쟁도 겪었고요. 아이들이 자연스럽게 한 세기를 이해하게 되죠.

-글렌 에이치 엘더 주니어(Glen H. Elder, Jr.) 교수

'내가 너만 했을 때는…'라는 말로 시작되는 부모의 말은 10대들의 귓가에는 보통 귀가 따갑게 들은 잔소리로 치부되기 마련이다. 똑같이 사춘기를 겪었음에도 왜 자신을 이해하지 못하냐는 10대들의 반발을 사거나, 시대가 바뀌었다는 퉁명스런 대답만 들을 수 있다. 하지만 조부모의 '내가 너만 했을 때는…'은 조금 다른 뉘앙스를 풍긴다. 격대 간에 반세기가 넘게 차이나는 세월의 존재는 사건의 기승전결을 모두 알 수 있는 흥미로운 가족사가 된다.

'10대에 부모를 잃었다.', '결혼을 하고 첫 딸아이를 잃었다.', '남편이 어린 두 아이를 남겨두고 세상을 떠났다.', '남편의 사망 직후, 화재가 발생해 모든 재산을 잃었다.' 이 모든 일들이 한 인간에게 일어났다고 생각해보자.

타인에게서 이런 객관적인 사실의 나열을 전해 듣는다면, 누구라도 기구한 운명에 대해 동정하고 불운한 인생이라고 생각할 것이다. 이것은 거의 60년 전, 미국 아이오와의 한 여성에게 일어났던 일이다. 이제는 할머니가 된 이 여성은 10대 손녀의 눈에는 살아 숨쉬는 위인이고 생존자다. 어린 나이 때부터 수많은 고난을 겪고도,

가정을 일궈내고, 아직도 손녀에게 사랑을 주는 할머니의 모습에, 10대 손녀는 존경을 표한다.

그 손녀는 할머니의 인생 역경을 들으면서 '우리 집에 이런 일이 있었구나'라고 놀라웠다고 해요. 그리고 동시에 이런 고난을 겪으면서도 손녀인 자신에게 할머니가 보여주는 긍정적인 모습이 경이롭게 느껴졌다고 해요. 그 애길 들으면서, 우리 할머니가 그걸 이겨낸 걸 보면 나에게 어떤 역경이 닥쳐도 이겨낼 수 있다는 용기가 난다라는 거죠. 할머니, 할아버지랑 감정적으로 연결되어 있고, 지속적인 관계를 맺은 게 이 경우엔 손주들에게 밝은 미래에 대한 희망을 전달하는 역할을 하는 거죠.

—글렌 에이치 엘더 주니어(Glen H. Elder, Jr.) 교수

"너는 미래에 어떤 고난이 다가오더라도 그것을 극복할 힘이 있고, 그 역경 후에는 행복이 찾아올 것이다."라는, 모든 부모가 아이들에게 심어주고 싶은 인생관을 조부모가 몸소 손주에게 보여줄 수 있다. 가족의 살아있는 역사책을 우리는 그냥 덮어만 두고 있는 것은 아닐까.

격대육아 노하우

결과를 칭찬하지 말고, 노력과 과정을 칭찬하라

승준&유진 조부모: 저도 내 아이를 키울 때는 남한테 조금이라도 뒤지면 큰일 나는 줄 알았어요. 그런데 아이들을 키워놓고 보니, 그게 아니에요. 당장 아이들이 받는 점수가 중요한 건 아니더라고요. 하나 더 맞고 덜 맞는 데 민감하게 반응하는데 그렇게 뭐 심각하게 인생을 좌우하고 그런 게 아니잖아요. 오히려 스스로 찾아서 하는 어떤 자율적인 생활태도가, 생을 살아가는 데 기본적인 어떤 자세가 중요하지 않겠어요? 그런 부분들을 칭찬해주는 거죠. 너는 이런 부분에서 노력했구나. 아이가 커서 자기 일을 알아서 개척해 나가는, 그런 독립심 있는 인간이 되길 바라는 거죠. 그래야 공부건 성공이건 잘하는 거구요.

일상에서 평범한 일에도 아이를 칭찬하면, 좋은 행동이 강화된다

승준&유진 조부모: 동생을 귀찮아하는 거 같으면서도 잘 챙겨요. 오늘도 TV 보겠다고 하는 동생을 데리고 와서 책을 읽어주잖아요. 옆에서 들어보니, 동생이 뭐 물어보면 눈높이 맞춰서 설명도 자상하게 해주더라고요. 그럼 때를 놓치지 말고 칭찬해줘야죠. 앞으로도 우애 깊은 남매로 지낼 거예요.

집안 일, 장보기 등을 도와주려는 아이에게 고맙다는 마음을 표하라

유승원 군 할머니: 집안일이고 농사일이고 손주가 저 도와주겠다고 나서는 거죠. 밭을 갈고 있으면 자기도 해보겠다고, 자기가 도와주겠다고…. 사

실 시간이 더 많이 들죠. 거치적거리기도 하고…. 그런데 아이가 그걸 원하는 거 같으니까, 뭐 하나를 심어도 마무리 안 짓고 밭고랑 하나는 아이 몫으로 남겨둡니다. 그리고 아이가 유치원에서 올 때까지 기다리는 거죠. '할머니 도와주려는 마음 정말 고맙다'라고 말해주고요.

아이의 실수를 일일이 바로잡지 마라

승준&유진 할머니: 애들 하나하나 가르치려고 하지 않아요. 아이는 시행착오를 통해서 배우니까요. 아이들끼리 해봐서 한 번에 안 되면 두 번 해보고, 반복하다가 어떤 때는 잘하기도 하고, 자기들끼리 넘어져 보기도 하고 그렇게 하나하나 배우는 거죠. 그래 한 번 해봐. 저는 지켜보다 뒤처리만 해줘요. 아이들이 망가뜨린 거 치워주고, 젓가락질 같은 것도 그래요. 막 연습시키고 그러지 않아요. 잘할 때는 딱 칭찬하고, 반찬 흘리건 말건 못 본 척 넘어가요. 아직 배운 지 얼마 안 됐으니까 곧 나아지겠죠.

아이가 사랑받고 있다는 걸 당연히 알거라고 생각하지 마라

쌍둥이 할머니: 할머니 할아버지가 아무리 손주를 사랑한다고 해도 자기 속으로 자식 낳은 부모만 할까요? 난 안 그럴 거라고 생각해요. 대신 나는 할머니로서 사랑을 많이 표현해줬어요. 언제나 웃어주고, 안아주고… 아이들이 크고 나서도 책에서 좋은 구절을 보면 적어 보내주고, 힘내라고, 사랑한다고 이메일도 계속 보내고요. 그러니까 고등학생이 돼서까지도 아이이 할머니한테 안겨오죠.

금지 명령어 대신 긍정적인 말투로 단순 명령어를 사용하라

유진이 할아버지: 아이가 뛰어다녀서 걱정돼도 '뛰지 마! 멀리 가지마!'라고 하면 안돼요. 아이는 짜증을 내죠. 간섭 받는 거 같고 야단맞는 거 같잖아요. 그냥 "할아버지랑 같이 가자"라고 말해요. "힘드니까 좀 기다려주라"라고 말하면 짜증 안 내요. 할아버지가 자기처럼 빠르지 않은 걸 아니까 오히려 도와주려고 하죠. 그렇다고 아이를 구슬리진 않아요. TV 너무 많이 본다 싶으면 "TV 보지 마" 같은 말 안 해요. 그냥 "유진아! 공부하자!" 활기차게 불러주고, "화이트보드랑 노트 꺼내와! 직접 써봐!" 최대한 어조를 다정하게 하지만 돌리지 않고 얘기하는 편이죠.

예: '찻길 가까이로 가지마' vs. '내 옆으로 붙어서 걸어가자'
　　'어지르지 마라' vs. '장난감 치우렴'

말은 줄이고 행동을 보여라

승준&유진 할아버지: 교육 효과를 높이기 위해서 할아버지가 쇼맨십이 좀 필요할 때도 왕왕 있습니다. 손주들이 아침 인사를 하러 들어올 때쯤 되면, 아침 뉴스나 텔레비전을 보다가도 얼른 끄고 책상에 앉아서 그날 당일 조간신문이나 책을 펴놓고 있는 모습을 의도적으로 보여주죠. 굳이 책을 안 읽어도 무조건! 그러면 책 읽어야 된다. 책 속에 길이 있다, 이런 고리타분한 얘기 다 필요 없어요. 아이들도 당연히 할아버지 따라서 책을 집더라고요. 5년 넘게 하니까 지금은 손주들이 완전히 독서습관이 들어서 제가 조금 마음 놓고 텔레비전을 볼 수 있게 됐죠.

아이와의 약속은 꼭 지켜라

유진이 할머니: 아이가 자기가 원하는 걸 정확하게 요구를 해요. 술래잡기를 10번 해주기, 동화책 10번 읽어주기 뭐 이런 식으로요. 체력이 부족해서 애가 해달라는 만큼 양껏 해주진 못해요. 대신 약속한 건 꼭 해줘요. 하기 싫고 힘들어도 싫은 내색 안 하고 열심히 해주죠. 그럼 애가 너무 행복해해요. 그리고 '할머니, 할아버지는 약속 지켰다. 너도 약속 지켜라.'라는 말을 할 수 있죠. 나중에 좀 심심해하면서도 한 번 더 해달라고 떼쓰는 법이 없어요. 그럼 아이하고 실랑이할 일도 없어지죠.

아이의 말을 경청해준다

승준&유진 할머니: 아이들끼리 별 거 아닌 걸로 싸우거든요. 한쪽 편만 들어줄 수 없으니까 얘기 들어보고 '이렇게 하는 게 공정한 거 같으니 이렇게 해라' 딱 정해주죠. 아이가 떼쓰면 무시하고 자리를 떴다가 조금 있다가 와요. 좀 진정된다 싶어 다가가면 막 울먹이면서 안겨오죠. 제가 좀 화나도 무조건 안아주고, 이야기 들어줘요. 정 바쁠 때면 할머니 온기 느끼게 허리춤에라도 기대라고 해놓고 이야기 들어요. 무슨 말인지 못 알아듣겠어도 그냥 아무 말 안 하고 들어주기만 해도 되요. 결국은 미안하다는 말 하게 되거든요.

격대교육(隔代敎育)
할아버지가 손자, 할머니가 손녀를 맡아
잠자리를 함께하면서 교육함

3장

손주 연령에 맞는 격대육아법이 있다

체중 3.5kg, 신장 50cm,
그 작은 존재는
부모의 세상만 뒤흔들어놓는 것이 아니다.

처음으로 할아버지, 할머니가 되는 세대는
부모로 25년,
조부모로서는 40년의 시간을 보내게 된다.

그 시간에 따라,
조부모의 인생도, 손주의 인생도 달라진다.

0~3세 격대육아:
애착형성을 탄탄히 하라

　우리의 몸은 한 번 배운 자전거타기를 잊지 않는다. 그래서 과거 육아의 경험이 있는 할머니 할아버지들은 초보 부모보다는 자신감을 가질 수 있다. 그러나 자신의 아이를 키웠던 경험과 자식의 아이인 손주를 키우는 것은 완전히 다른 일이 될 수도 있다는 것을 먼저 인정해야 한다.

　영유아의 육아를 일정시간, 혹은 전적으로 맡기로 한 주양육자 조부모의 경우이든, 새로 태어난 손주와 자주 교류하고 싶은 조부모이든 자식이 아닌 손주를 제대로 이해할 필요가 있다.

내 아이와 다른 기질의 손주, 육아공식은 없다

조부모 육아의 가장 큰 장점은 '경험'이라고 꼽힌다. 그러나 최근 조부모들의 경우 자녀는 대부분 1~2명일 것이다. 엄마로서 양육의 역할을 전적으로 담당했던 할머니 혹은 양육에는 시간과 노력을 투자하지 않았던 할아버지 모두 말이다. 형제자매의 경우도 모두 성격이 다르듯 손주의 기질(temperament)은 더욱 다르게 느껴질 수 있다. 이런 기질의 차이는 신생아일 때부터 확연히 드러난다.

아기의 기질

1. 순한 혹은 유연한 아기 : 잠자기, 식습관이 규칙적이고 금방 적응하며 비교적 조용하며 쉽게 짜증을 내지 않는다.
2. 혈기 왕성하고 까다로운 아기 : 잠자기, 식습관이 불규칙적이고, 새로운 사람들을 만나거나 익숙하지 않은 상황에 잘 적응하지 못한다. 소음이나 자극에 쉽게 기분이 나빠지기도 한다.
3. 더딘 혹은 조심스러운 아이 : 잠자기, 식습관 등이 까다로운 기질에 비해서는 규칙적이지만 새로운 환경에 부정적이거나 무관심한 반응을 보인다. 까다로운 기질처럼 표현도 강한 편이 아니라서, 울기보다는 겁을 먹거나 짜증을 낸다. 시간이 지나면 순한 기질의 아기처럼 잘 적응해나간다.

'나쁜' 기질이 아니라 '다른' 기질

처음 아이의 기질에 대한 연구를 수행한 미국의 정신과의사 토마스 체스(Thomas Chess)와 스텔라 체스(Stella Chess) 부부가 관찰한 바에 의하면 '순한 혹은 유연한 아기'는 약 40%, '혈기왕성하고 까다로운 아기'는 10%, '더딘 혹은 조심스러운 아기'는 15% 정도라고 한다. 나머지 많은 아기들은 이 구분법에 따라 일괄적으로 분류할 수 없었다.

아마도 모든 양육자가 바라는 아기는 규칙적인 생활습관을 가지고, 주변 환경 변화에 잘 적응하는 '순한 혹은 유연한 아기'일 것이다. 하지만 이것은 어디까지나 양육자의 편의를 위한 것이지, 아이의 기질에 긍정적인 점만 있을 수는 없고, 부정적인 점만 있을 수는 없다.

일례로 까다로운 아기라고 생각되는 아기를 구별하는 지표 중 하나를 살펴보자. 기저귀를 갈 때나, 음식을 찾을 때 공갈젖꼭지를 물려주는 것만으로도 달랠 수 있는 순한 아기가 있다. 반면 기저귀 갈고, 음식을 먹이고 나서도 한참 동안 안고 달래줘야 하는 조금은 까다로운 아기가 있다. 순한 아기는 2살이 되도 '자 다른 걸 하고 놀자'라고 하면 웬만큼 떼를 쓰다가도 멈춘다. 신생아부터 까다로웠던 아기는 2살이 됐을 때 양육자가 불러도 대꾸도 하지 않

> 아기마다 타고난 활동성, 사회성, 변화에 대한 적응성, 욕구 좌절 시 반응은 각각 다르게 나타난다. 이런 심리적 특징은 성장해서도 본질적으로 변화하지는 않지만, 양육 태도와 유년기의 경험을 통해 행동을 조절하고, 적응력을 키우게 된다.

고 떼를 쓸 수 있다. 하지만 아기들이 10살이 되었을 때, 이런 기질은 각각의 장단점을 가진다. 순한 아기는 숙제를 하는 데 절대적인 안정을 필요로 하고 주변이 시끄러우면 집중을 못하지만, 까다로운 아이는 오히려 어떤 상황에서도 집중이 가능하고, 일정에 따라 해야 할 일을 완수한다. 결국 아이의 기질에는 좋고, 나쁜 것이 아니라 다른 것이다.

한때는 이 기질에 따라 양육방법도 달라져야 한다는 이른바 '육아공식'이 존재하는 것으로 여겨졌었다. 하지만 어떤 아기도 이 세 가지 기질의 카테고리에, 가위로 오려낸 듯 깔끔하게 구분되지 않는다. 실제로 연구자들의 분류만 보아도 어느 카테고리에도 속하지 않은 아기가 35%나 된다. 아기가 일관적으로 한 기질의 아이 특성만 나타내는 것도 아니다.

오히려 아기가 0~3세에서 가장 필요한 경험, 즉 양육자의 사랑과 자신 그대로 너그럽게 받아들여지는 경험을 하는 것이 더 중요하다. 다만 기질이 다른 손주를 양육하는 경우, 조부모의 양육 경험은 노하우가 되지 못한다. 오히려 자신의 자녀, 즉 아이의 부모의 영유아기와 비교하며, 자신의 육아 경험만 고집한다면 아기는 돌보기 어려운 까다로운 아이로 자랄 것이다.

예를 들어 기질이 순한 아기를 키운 경험만 있는 조부모라면, 까다로운 기질의 손주가 울음을 그치지 않을 때 그 요구사항을 이해하기 힘들다. 아기가 울어도 함부로 안아주면 손을 탄다는 조부모들이 흔히 하는 조언은 순한 아기라면 별 문제 없이 넘어갈 수 있을지 모르나, 까다로운 기질의 아기라면 기질만 악화시킬 수 있다. 반대로 까다로운 기질의 자녀를 키웠던 조부모라면 순한 아기의 온화한 표현(좀처럼 떼쓰지 않고, 울더라도 쉽게 달래진다)에 민감하지 못해 아기의 요구를 충족시키지 못할 수도 있다. 기저귀가 젖었는데도 아기가 크게 울어대지 않는다고 해서 불편하게 느끼지 않는 것은 아니다. 표현방식이 다른 것뿐이다.

육아의 시작은 각자 고유한 아이의 특성을 인정하는 것이다. 따라서 '아이가 유별나다'고 판단하기 전에, 손주의 특성을 파악해보자.

순한 혹은 유연한 아기

얼굴표정의 미묘한 변화나, 목소리 톤 변화, 자세 변화 등 주의 깊게 살펴보아야만 알아챌 수 있는 방법으로 기분을 표현한다. 놀이에 흥미를 보이지 않을 때가 많은데, '왜 매사에 관심이 없니'라고 말하기 전에, 좀 더 강도 높은 자극을 제공할 필요가 있다. 상호작용이 많은 게임을 하는 것이 좋다. 공을 주고받으면서 굴리거나, 앞뒤로 장난감 기차를 미는 등 아이가 함께 놀이에 참여할 수 있는 게임을 고안한다. 또 비트가 빠른 노래를 들려주고, 신체 활동을 할 수 있게 돕는다. 책을 읽어줄 때도 극적인 어조를 사용해야 아기가 관심을 보인다.

이 기질의 아이는 낯선 사람을 만나도 웃고, 옹알이를 하고 시선을 잘 맞춘다. 사람을 만날 때 개방적이고 편안하게 받아들인다. 아기들을 상대로 한 이벤트, 공원, 슈퍼마켓 등 사람들이 많은 곳에 자주 데리고 나가 많은 사람들을 접하게 해주는 게 좋다. 이런 아기에게는 주변 사람들도 따듯하고 긍정적으로 반응한다. 이런 반응이 아기에게 좋은 영향을 준다.

사회성이 아무리 좋은 아기라도 가끔 흥분해서 다른 아기를 껴안다가 넘어뜨리거나, 무는 것으로 애정을 표현할 수 있다. 수용될 수 있는 방법으로 흥분을 표현하는 것을 가르친다.

혈기 왕성하고 까다로운 아기

화가 날 때 물건을 던지거나, 고함을 치는 등 분명한 표현을 한다. 마찬가지로 기쁠 때는 환성을 지르면서 기쁨을 표현한다. 아기의 기분 표현이 확실한 것일 뿐, 성격이 좋고 나쁜 것과는 상관이 없다. 수용될 수 있는 방법으로 기분을 표현하는 방법을 가르친다.

2살만 되어도 집안의 가구를 기어오르고, 서랍을 뒤져놓는 등 주변 탐색에 활발하다. 손에 닿는 모든 것에 관심을 보이므로 안전 문제를 위해 신경을 쓸 일이 많다. 아기가 안전하게 놀 수 있는 공간을 만들어준다. 베개나 쿠션처럼 부드러운 물건으로 장애물을 만들어놓고, 숨바꼭질, 술래잡기 등의 놀이 등 아이가 에너지를 발산할 수 있는 기회를 충분히 준다.

이 기질의 아이는 신체 자극에도 매우 민감하다. 아이가 어떤 옷을 입지 않겠다고 떼를 쓴다면 옷의 질감, 눈에 보이지 않는 솔기, 라벨 등이 아이의 피부를 자극하지는 않는지 살피는 등 아이의 입장에서 세심하게 살필 필요가 있다.

더딘 혹은 조심스러운 아기

까다로운 아기의 특성에서 순한 아기의 특성으로 이전하는 아기다. 다만 적응의 어려움을 적극적으로 표현하지 않아, 아기의 스트레스를 이해하기 어렵다. 아기가 말로 소통하기 전부터 반응을 잘 관찰해 단계적인 방법을 사용해야 한다.

낯선 사람을 만날 때는 아기를 안은 상태에서 소개를 한다. 다른 아이와 이야기를 나눌 때도 아기를 무릎에 앉혀놓은 상태에서 시작하면 아기는 신체접촉을 통해 안정감을 느낄 것이다. 한 번에 여러 아기들과 어울려 놀 것을 바라는 대신, 아기가 편안해하는 아기와 한 명씩 돌아가며 놀 수 있도록 도와준다. 나중에는 더 많은 아이와 노는 걸 자연스럽게 여긴다.

특히 아기가 아주 작은 변화(젖꼭지가 바뀐 것, 새로운 음식, 일정상 변화 등)에도 적응하는 걸 어려워하고 부정적인 반응을 보인다면 앞으로 일어날 일에 대해 충분히 예고해줌으로써 조금씩 변할 수 있게 한다. 밖에 나갈 때는 아기가 아끼는 인형이나, 장난감을 가방에 넣는 행동을 반복하면, 아이는 어떤 변화가 일어날 것임을 알리는 것이라는 걸 미리 알게 된다. 또한 익숙한 물건이 있음으로 해서 안정감도 일부분 되찾는다. 말을 알아듣는 시기가 오면 설명도 가능하다. "점심을 먹고 나면, 책을 읽고 놀이터에 놀러 나갈 거야"라는 간단한 말로도 아기는 마음의 준비를 시작할 수 있다.

새로운 육아 연습

지금 당신의 팔에 안겨 있는 손주가 몇십 년 전 어색하게, 겁을 내며 안아 올렸던 자식과는 완전히 다른 아기일 수 있다는 것을 인정하자. 그렇다고 해서 조부모가 완전히 초보자라는 것은 아니다. 다만 과거의 양육 경험만으로 각각 고유한 기질을 가지고 태어난 아기에 대해 모든 것을 알 수는 없다. 실제로 취재 중 만난, 0~3세 영유아기의 양육을 맡았었던 조부모들은 손주 양육이 경험뿐 아니라 새로운 연습을 필요로 하는 일이었다고 토로한다.

유진이 할머니: 저희 애들은 젖만 물리면 아기가 울음을 뚝 그쳤거든요. 제가 아는 한은 아기 달래는 데는 그 방법이 최곤데 할머니 할아버지니까 다른 방법을 써야 하잖아요. 달래는 방법도 참 여러 가지, 잠 한 번 재우려고 안 해본 게 없을 정도죠.

쌍둥이 남매 할머니: 우리 애들은 어려서부터 조용히 앉아서 노는 걸 좋아했거든요. 그래서 집에서 노는 게 위험하다고 생각을 안 해봤어요.

그런데 손주들은 뭐 집안에 남아나는 게 없을 정도로 번잡스럽게 놀더라고요. 장롱 문에 매달리고, 서랍에 들어가고, 다치기라도 할까 봐, 잠시도 눈을 못 뗐어요.

승준&유진 할머니: 저는 아들만 둘 키웠거든요. 손녀가 나오니까 사내애 키우던 거랑 다른 거예요. 더 사랑스러운 면도 많지만, 같이 어떻게 놀아줘야 하는지도 잘 모르겠더라고요. 제가 익숙한 게 하나도 없었어요. 정말 아기 머리 묶는 것만 며칠 연습했다니까요. 그런 사소한 거까지도 다르더라고요."

특히 일반적으로 자녀양육의 책임에서 빗겨나 있던 할아버지의 경우 대체로 기초적인 분유 타기부터 수유 후 트림시키기, 기저귀 갈기까지 손에 익지 않은 일이 많다. 그럼에도 불구하고 이 시기에 손주를 이해하고, 양육에 일정부분 참여하는 것은 격대교육의 중요한 출발점이 된다. 이는 손주들의 주양육자이든 시간이 날 때마다 잠시 손주를 방문하는 경우이든 모두 해당한다.

아기는 먹고, 배설하고, 잠자고 싶은 자신의 요구에 민감하게, 그리고 일관적으로 응해주는 사람에게서 편안함과 애착을 느낀다. 조부모가 꼭 젖병을 물리고, 기저귀를 가는 등의 일을 담당할 필요는 없다. 하지만 상상해보자. 아기가 젖은 기저귀로 인해 울음을 터트릴 때, 당황해서 급하게 남을 찾는 사람과 "지금 얼마나 불편한지 알겠네. 짜증이 나겠지만 좀만 있으면 분명히 개운해질 거야."라는 애정이 담긴 말투로 달래면서 기저귀를 갈아주는 사람, 누구에게 아기는 더 애착을 느끼고, 신뢰하게 될까.

격대교육은 교육 공식이 아니라 손주와 할아버지 할머니 간의 끈끈한 애정에 기반을 둔다. 그 애정을 쌓아가기 위해 먼저 아기의 애착 형성 단계를 알아보자.

0세, 아기와의 애착 형성 시기를 놓치지 마라

눈을 마주치면 웃고, 배냇짓도 한다. 무엇인가 말하고 싶다는 듯 옹알이가 끊이질 않는다. 생후 3개월까지 아기들의 이런 행동은 자신의 곁에서 많은 시간을 보내는 사람에게 향하는 것이다. 그 대상이 꼭 엄마일 필요는 없다. 만약 조부모가 아기와 많은 시간을 보낸다면, 아기는 엄마에게 보내는 것과 똑같은 강도의 애착을 조부모에게 보일 것이고, 보모가 아기의 요구에 민감하게 반응해준다면 역시 애착행동을 보일 것이다. 이 시간을 넘겨 생후 6~7개월 정도부터 아기들은 낯선 사람과, 익숙한 사람을 구분하기 시작한다. 이때가 되면 아기는 낯선 사람만 봐도 경계를 드러내게 된다.

손주의 할아버지 할머니에 대한 애정은 저절로 생기는 것이 아니다. 한 달에 한 번 손주를 볼까말까 하는데도 낯설어하지 않는다며,

'핏줄이 당기는 것'이라고 자신하는 조부모도 있다. 그러나 주양육자인 부모가 옆에 있을 때와 그렇지 않을 때를 비교해보자. 부모가 옆에 있을 때 아기는 외부 세상에 대해 안정적으로 느끼기 때문에, 조부모에 대한 친밀감과는 상관없이 평온을 유지하는 것이다.

애착형성 시기의 격대교류

8~18개월이 되면 엄마(혹은 보모가 많은 시간을 보냈다면, 이 경우에는 보모가 주양육자)가 자리를 비우면 두려워하고, 분리불안 증세를 보인다. 아기는 낯익은 사람과 함께 있을 때 더 활발하게 옹알이를 하고, 잠도 잘 자며, 빨리 안정을 찾아 울음을 그친다. 소위 '핏줄이 당긴다'는 것은 아기가 어린 시절부터 자주 접촉하고, 안아주고, 일정 시간을 함께한 조부모에게나 해당되는 말이다.

다행히도 아기는 엄마, 한 사람만이 아니라 자신을 돌보는 여러 명의 사람들에게 동시에 애착을 형성할 수 있다. 기존에는 아기의 안정적 발달을 위해서는 한 명의 주양육자와의 애착관계가 절대적이라고 보았지만 최근의 연구 결과에 따르면 아기는 동시에 다수의 양육자(multiple caregivers)에게 애착을 형성할 수 있다고 한다. 여기서 주의할 점은 그 양육자가 계속해서 바뀌어서는 안 된다는 것이다. 아동임상심리학자인 샤론 라이언 몽고메리(Sharon Ryan Montgomery)는 "아기의 생후 초기에 맺게 되는 할아버지 할머니와의 애착 관계가 매우 강력하고, 오랫동안 꾸준히 지속이 된다. 할아버지, 할머니가 어떤 이유에서건 보모처럼 교체될 수 있는 존재는 아니지 않는가?"라며 부모와 조부모 등 여러 명의 멤버가 함께 양육에 참여할 때 아이에게 더 이득이 된다고 주장한다.

아기가 보내는 신호와 양육자의 반응

영국의 저명한 발달 심리학자 루돌프 샤퍼(Rudolph Schaffer)와 페기 에머슨(Peggy Emerson)은 60명의 아기들을 생후 18개월이 될 때까지 추적 연구해 아기들의 애착형성은 함께 보내는 시간의 양이 아니라, 아기가 보내는 신호에 얼마나 정확하게 반응하는지에 달려있다고 결론지었다. 7개월 정도가 된 아기는 안정이 필요할 때, 두려움을 느낄 때, 특정 양육자들에게 시선을 돌렸다. 이들이 아기들이 보내는 무언의 신호를 잘 알아차리는 주양육자이다. 10개월 정도가 되면 아기들은 이미 엄마, 아빠뿐 아니라 할아버지, 형제자매에게 애착을 보였다.

아기가 0~3세에 지속적인 접촉을 하는 것은 비단 아이 입장에서만 애착을 형성하는 것이 아니라는 것을 알아두자. 조부모가 아무리 손주를 사랑한다고 해도 부모(특히 엄마)처럼 본능적인 것은 아니라는 것을 인정해야 한다. 아기에 대한 엄마의 애착은 매우 즉각적이다. 이에 대해 많은 연구자들은 임신부터 출산, 그리고 모유 수유 단계에서 일어나는 모체 내의 호르몬 변화가 큰 역할을 한다고 말한다. 이 호르몬의 변화는 힘든 육아를 견뎌내게 하는 힘이 돼주기도 한다. 냉정하게 말해 조부모에겐 이런 호르몬 변화는 없다. 아기와 생후 초기의 지속적인 접촉 없이 억지로 손주 양육을 맡게 된다면, 그것이 비록 단시간이라 할지라도, 아기에게도 조부모에게도 힘들기만 한 경험이 될 것이다.

부모와는 다른 역할이 있다

본인의 자녀를 양육했던 경험과 손주 양육이 '다시 한 번 육아를'이 아니라 온전히 다른 육아인 이유는 또 있다. 바로 손주와 자신의 1:1 관계뿐 아니라, 손주의 부모(자녀와 사위, 며느리)와 손주의 관계도 고려해야 한다는 것이다. 주부들, 특히 일하는 엄마들의 인터넷 카페에는 다음과 같은 걱정스러운 글이 종종 올라온다.

"시댁이 가까워서 아침마다 데려다 주고, 데리고 오고, 잠은 꼭 엄마가 데리고 와서 재웠는데도 집에 와서 할머니를 찾으면서 울어요."

"15개월, 낮 동안에 할아버지 할머니랑 같이 있어서인지 제가 돌아가도 저를 안 찾고 할머니 할아버지만 찾아요. 할머니 할아버지를 엄마로 아는 건가요?"

함께 많은 시간을 보내는 할아버지 할머니에 대해 아이들이 보이는 애착은 당연해 보인다. 많은 시간뿐 아니라, 자신이 보내는 신호에 민감하게 반응하고, 애정으로 답해주는 눈앞에 있는 어른이 조부모이기 때문이다. 할머니 할아버지에게 느끼는 애착을 바탕으로 부모에 대한 애착을 가지도록 대상을 넓혀나가야 한다. 부모는 되도록 많은 시간을 함께 보낼 필요가 있다. 이때까지 형성된 애착은, 이후 함께 보내는 경험이 꾸준히 반복된다면, 시간의 양과 상관없이 애착관계는 점점 깊어질 수 있다. 이것을 도와야 하는 것도 조부모의 역할이다.

엄마, 아빠가 잠깐씩 얼굴을 보일 때마다 운다고, 아이와 부모와의 시간을 줄여서는 안 된다. 아이는 엄마, 아빠와 함께 있는 것이 낯설고 불편해서 우는 것이 아니라 반가워서 우는 것일 수도 있다. 엄마, 아빠가 다가가 안아주면 금방 울음을 그치는 것은 그만큼 엄마, 아빠와의 접촉이 그리웠다는 것이다.

가장 좋은 방법은 엄마, 아빠가 매일 퇴근 후, 아이와 즐거운 시간을 가지도록 해주는 것이다. 간단한 놀이도 좋고, 잠자리를 함께 하면서 이야기를 나누는 것도 좋다. 엄마와 아기가 함께하는 시간을 정해주고, 간섭하지 않는 것이 필요하다. 특히 아이가 아플 때, 조부모 혼자 해결하려 하지 말고 부모에게 적극적으로 알려서 아이의 곁을 지키게 해주어야 한다.

2세대 3각 양육

아이는 만 2세만 되어도 엄마, 아빠 혹은 주양육자인 할머니 할아버지의 품에서 조금씩 벗어나 외부 세상에 대한 관심을 보인다. 애착형성은 아이에게 세상을 용기 있게 탐험해나갈 동력을 주는 도약대일 뿐이다. 조부모는 양육자 중 한 명이지, 부모의 양육을 모조리 도맡아 하는 유일한 양육자가 되어서는 곤란하다.

조부모는 할아버지 할머니이기도 하지만, 동시에 부모이기도 하다. 손주의 부모, 즉 자신의 자녀가 안타까워 손주 양육을 맡는 경우가 많다. 실제로 원하지 않으면서도 '자식이 부탁해서 어쩔 수 없이' 양육을 맡게 되는 경우, 아기와 부모와의 애착형성을 여러 가지 이유로 대수롭지 않게 여기는 경향은 더 심해진다. 손주를 위한 육아가 아니었으므로, 부모세대의 편의만을 봐주게 되기 때문이다. 하지만 할아버지 할머니가 아이와 많은 시간을 보낸다고 해서, 아이의 인생을 끝까지 책임지고 양육할 수는 없다.

우리나라 전통 격대교육도 아이가 젖을 뗀 만 3세 정도에야 시작되었음을 기억하자. 진정 손주를 위한 교육이라면, 아이가 부모는 뒷전이고 조부모 뒤만 좇는 것을 헌신적인 조부모 양육의 증거로 보아 넘겨서는 안 된다.

손주 양육은 조부모 세대, 부모 세대가 함께 발을 맞추어 나가야 하는 2 양육 세대의 3각 교육임을 잊지 말자. 양육방식의 차이에서 갈등이 일어난다면, 조부모 세대만의 경험을 근거로 양육방식을 고집할 필요도, 무조건 부모 세대에게 양보할 필요도 없다. 조부모 세대가 할 수 있는 것과 부모 세대가 해야 할 일을 정확히 나누자.

예를 들어 부모 세대에서는 조부모 양육에 대해 교육 완구 활용도가 낮고, 유아의 활동성이 떨어진다는 불만을 가지고 있다. 부모 세대가 이런 불만을 이야기한다면 서운해 하거나, 애 봐준 공은 없다고 같이 불만을 토로하지 말자. 오히려 조부모의 체력, 시간상의 한계를 분명히 알리고, 부모가 양육에 더 적극적으로 참여해야 하는 필요성을 알려주는 기회로 삼는 것이 현명하다.

아이와 부모와의 애착형성도 돕고, 양육관 차이에서 일어나는 갈등도 대화로 풀 수 있다. 조부모가 부모의 역할을 완벽하게 대신하려 할 때, 앞서 소개한 격대교육의 효과도 반감시킨다는 점은 누누이 강조해도 지나치지 않다.

0~3세, 손주와 함께 놀아줘라

양육을 전적으로 맡건 맡지 않건 손주들과 함께 놀이를 하면서 즐거운 시간을 보내면, 아이는 조부모를 특별한 사람으로 느낀다. 아이는 아직 말을 하지 못하지만 '나를 이렇게 즐겁게 해주다니, 이 사람에게 나는 굉장히 소중한가봐. 나에게도 이 사람은 중요한 사람이야.'라는 생각을 하게 된다.

아직 움직임이 자유롭지 않은 아기들과 어떻게 놀아줄 수 있는지, 막막해하는 조부모들이 많다. 하지만 아직 많은 움직임이 필요로 하지 않는 놀이이기에 할아버지 할머니가 체력적으로 힘들지 않은 가장 적합한 시기이기도 하다. 힘들지는 않지만 단순한 동작을 반복해야 하는 이 시기에 참을성 있고, 기다릴 줄 아는 조부모야 말로 가장 이상적인 놀이상대일 수 있다. 자신을 가지고 아기의 신체와 두뇌가 동시에 자라게 하는 놀이를 시도해보자.

0~12개월

아기는 오감을 이용해 세상을 탐험한다. 무엇이든 눈에 보이는 것은 잡아당기려고 하니, 머리카락이 잡히지 않도록 하고, 늘어지는 귀걸이, 장신구는 피하자.

- 아기가 하는 말을 흉내내고, 아기가 따라할 때까지 기다린다.
- 장난감(버튼을 누르면 개가 짖는다거나, 물체가 튀어나오는)을 반복해서 작동시켜 보여준다.
- 헝겊 책을 어떻게 넘기는지 보여준다.
- 손바닥 뒤로 얼굴을 숨겼다 보여주는 까꿍 놀이
- 여러 종류의 음악을 들려주고, 아기가 어떤 음악을 가장 좋아하는지 알아내 노래를 불러준다.
- 여러 색깔과 질감의 공을 주고 마음대로 놀게 한다. 아기가 공을 굴리고, 집고, 박스에 넣고, 다시 꺼내고 하는 등의 여러 가

지 동작을 할 수 있도록 격려해준다.

장난감: 아이의 감각을 자극할 수 있는 모빌, 딸랑이, 츄 토이(아이가 씹을 수 있는 장난감), 헝겊 책. 책을 펼치거나, 버튼을 누르는 것으로 새로운 물건이 튀어나오는 팝업 북, 팝업 장난감 등은 아이가 인과관계를 이해하는 데에도 도움을 준다.

12~24개월
어떤 아기들은 많이 움직이는 걸 좋아하지만, 조용히 노는 걸 좋아하는 아기도 있다. 잘 관찰해서 아이의 성향을 존중해주자.
- 많이 움직이는 걸 좋아하는 아이라면, 놀이터에 나가 또래들과 뛰어놀 수 있도록 도와준다.
- 아이들은 반복을 통해 배운다. '찼다, 비워졌다'라는 개념을 이해하기 위해 모래 양동이를 몇 번씩 채우고 비울지도 모른다. 같은 노래나, 책을 반복해달라고 조르는 시기이기도 하다. 아이들은 예상할 수 있는 것이 나오는 걸 통해, 안정감을 얻는다. 참을성 있게 반복해주자.
- 어느 정도 음정에 맞춰 노래를 부르고 리듬에 맞춰 춤추는 것을 좋아하는 시기다. 실로폰 같은 간단한 악기로 음악을 연주하는 것도 즐기게 해주자.

장난감: 플라스틱으로 된 도구나, 소꿉놀이, 동물 등 실물모양의 장난감이 적합하다. 별, 동그라미, 사각형 등 각각 다른 구멍 모양에 맞는 모형을 찾아 넣는 장난감도 아기 두뇌 발달에 좋다. 잡아당기거나 밀어서 작동하는 장난감, 공 등도 아기의 운동을 도와준다.

24개월~36개월

또래들과 함께 어울려 놀기 시작한다. 친구들과의 놀이에 독창적인 이야기와 게임 규칙을 정하기도 한다.

- 또래 친구들과 많이 접촉할 수 있도록 배려한다. (놀이터, 이웃집, 친척집 방문 등)
- 노래가 있는 게임을 함께 해준다. 아이는 간단한 지시사항을 재밌게 따라하면서 저절로 신체활동을 하게 되고, 여러 단어도 배울 수 있다. (그대로 멈춰라, 둥글게 둥글게, 머리 어깨 무릎 발 등)
- 그림 그리기, 진흙 만들기 등 손으로 하는 놀이를 할 수 있게 재료를 준비해준다.
- 아이들이 역할놀이에 흥미를 보일 때다. 모자나 스카프, 주방용기 등 일상에서 볼 수 있는 분장도구를 이용해 변신시켜주자. 역할극에서 상대역을 맡아줘도 좋다. 조부모에게도 재밌는 일인데다, 아이가 역할극에서 하는 대사, 행동 등을 통해 아

이를 더 잘 파악할 수 있다.

장난감: 유아용 공작 점토, 크레용, 손가락 그림그리기 등 손을 이용해 만들기를 할 수 있는 장난감이 좋다. 봉제인형, 동물 모형 등도 아기의 상상력을 자극한다.

여기서 소개한 장난감 중 조부모 세대에겐 익숙한 것도 있지만, 새로운 것도 있을 것이다. 주로 교육 완구라는 이름으로 나온 장난감들이다. 하지만 이런 장난감이 없어도 일상용품을 사용해서 자연스럽게 놀이를 진행할 수 있다.

쌀통에서 쌀을 퍼내고 다시 채우고, 밀가루 반죽으로 동물 모형을 만들고, 보자기 하나만 둘러주어도 슈퍼맨을 외치며 소파 아래위로 방방 뛰던 아들, 딸의 유년 시절을 기억하는가? 눈만 잠깐 떼면 말썽을 피운다고, 먹을 것으로 장난친다고, 살림살이 망가뜨린다고 아이를 말리지는 않았는가? 이 모든 과정이 아이가 세상을 향해 탐험의 손길을 뻗치고, 뇌를 키우는 활동임을 한 번의 경험을 통해, 조부모가 되서야 알게 된다. 직장생활에 바빠, 아이들 키우는데 지쳐, 아이의 마음을 이해하지 못했던 시간들이 마음에 걸리는 조부모, 그 '너그러움'을 손주에게 선물하는 마음으로 격대 육아를 시작하기도 한다.

만 3~6세 격대육아:
기적이 일어날지도 모른다

요즘은 점점 빨라지고 있지만 보통 만 3세 이후가 되면 부모가 양육하던 가정이건 조부모가 양육에 참여하던 가정이건 어린이집에 보내는 것을 고려한다. 앞서 소개했듯이 만 3세 이전의 아이들은 또래와 같은 공간에 데려다 놓아도 서로 간에 활발한 상호작용을 보이지는 않는다. 각자가 관심을 가지는 놀이에, 각자의 규칙에 따라 같은 공간에서 놀 뿐이다. 하지만 만 3세가 되고 또래 아이들과 의사소통, 협동이 가능해지면 어린이집에 잘 적응하면서 취학하기까지 규칙적인 생활패턴에 익숙해지도록 준비할 수 있다.

격대교육, 타이밍을 잡아라

조부모가 영유아시절부터 양육을 담당하던 경우라면, 손주가 어린이집에 가기로 한 결정은 할아버지 할머니에게 시간적 여유를 줄 수 있다. 먹이고, 씻기고, 재우고 등의 양육부담에서 벗어나, 손주와 말이 통하고, 배운 것을 스펀지처럼 빨아들이는 놀라운 능력을 보여주는 격대교육 적기이다.

요즘 시대에 일반적인 일은 아니지만, 피치 못할 사정으로 유아보육, 교육시설에 보내지 못한다고 걱정만 하지는 말자. 육아 교육에는 어떤 정해진 공식도 없다. 어린이집, 유치원에서 오랜 투자와 연구 끝에 구현하려는 이상적인 환경은 결국 아이들이 각자의 집에서 지내듯 편안하게, 안전하게 그리고 어른의 애정이 어린 관심 속에 지내는 환경이다. 조부모가 이 역할을 충분히 해줄 수 있다면, 또래와의 활동은 놀이터, 이웃, 친지 등 다른 방법으로도 해결할 수 있다. 여기에서 말하는 교육이란 일부 교과목 선행학습이 아니라, 손주의 발달을 손주의 속도에 맞춰 익힐 수 있도록 도와주는 것이다.

이미 조부모들은 알고 있겠지만, 아이는 자신만의 시간표대로 움직인다. 어떤 아이는 사회·정서 발달이 유독 빠르고, 어떤 아이는 운동 발달이 더디게 이뤄지기도 한다. 사회가 변하고 양육환경이 변하면서 요즘 아이들은 더 조숙하고, 똑똑하다고 믿고 격대교육을 포기하는 경우가 있다. 어린이집, 유치원, 학원 등 할아버지 할머니보다 전문적

■ 연령별 발달상황 비교

	만 3세	만 4세	만 5세	만 6세
운동발달	민첩하게 걷고 뛴다. 두발을 엇갈려 사용해가며 계단을 오르내린다.	가위, 자 등 학용품 사용을 할 수 있다 (소근육 발달).	성인이 하는 운동을 할 수 있다. 정교한 작업이 가능하다(소근육 발달).	소근육 발달이 계속돼 그림, 글자 등이 알아보기 쉬워진다. 단추 채우기, 신발끈 묶기 등도 익숙해진다.
언어 인지발달	자신이 듣는 거의 모든 말을 이해하고, 아이가 말하는 내용 75% 정도는 어려움 없이 이해 가능하다 '지금, 곧, 나중에' 같은 시간과 관련된 개념을 이해한다. 인과관계를 이해한다.	활용하는 단어수가 폭발적으로 늘어나고, 비교적 복잡한 문장을 사용할 줄 안다. 논리적인 사고가 시작되고, 숫자와 공간에 대한 개념을 이해하기 시작한다. 공통된 특징을 가진 사물끼리 구분(둥근 것, 부드러운 것, 동물, 식물)하는 것을 이해하기 시작한다.	문법에 맞게 말을 유창하게 하고 단어와 언어에 대한 호기심이 많다. 반대말을 이해한다. 숫자를 셀 수 있고, 그 의미를 이해한다. 많고 적고 등의 개념을 이해한다. 종종 환상과 현실을 구분 못하는 경우도 있지만 어떤 일이 일어난 순서대로 말할 줄 안다.	(취학연령인 만큼) 누가 읽어주는 것이 아니라, 혼자 책 읽는 것을 시작하거나 즐긴다. 셀 수 있는 숫자 단위가 커지고, 다양한 방법을 이용해 덧셈 뺄셈 문제를 푼다. 집중시간이 점점 늘어나서, 이전보다 복잡한 만들기나 숙제 등을 해낸다.
사회 정서발달	간단한 지시에 따라 집안일 돕는 것을 재밌게 여긴다. 무엇이든 혼자 하겠다는 단계에서 벗어나 자신이 할 수 없는 일에 도움을 요청할 줄 안다.	화가 났다는 것을 신체로 표현하기 보다는 말로 표현한다. 질투의 감정을 느낄 수 있다.	규칙에 따르거나 또래집단과 행동을 같이하는 것을 좋아한다. 어른의 행동, 말투를 모방하고 인정받기를 원한다.	약간의 불안을 느끼긴 하지만, 점점 더 독립적인 모습을 보인다. 자신을 객관적으로 바라보기 시작한다. 경쟁에서 이기고 인정받고 싶어 한다. 비난, 꾸지람에 민감하게 반응하고 상처 받는다.

인 지식을 갖춘 기관들로 아이의 교육을 온전히 맡겨버리기도 한다.

하지만 아이를 기다려줄 참을성, 인내심, 사랑 교육자로서 필요한 모든 자질을 조부모는 이미 갖추고 있다. 그것만으로도 저절로 교육이 된다. 할아버지와 할머니가 여는 교실은 생활 속에서 자연스럽게, 놀이처럼 시작될 수 있다.

제시된 표를 참조하여 눈높이 격대교육을 해보자. 예를 들어 손주가 만 3세로서 평균적인 발달과정을 보여주고 있다면, 만 4세까지 아이가 이루게 될 발달상황을 목표로 삼고, 1년 동안 꾸준히 반복해주는 것이다. 만 5세, 만 6세에 아이들의 학습 내용이 많아지는 것은 유치원, 초등학교 1학년 교육과정이 포함되기 때문이다. 등원 준비, 취학 준비 차원에서 조부모 교육이 더 큰 도움이 될 수 있다.

만 3~4세

만 3~4세, 할아버지 할머니가 손주의 발달을 가장 효과적으로 도울 수 있는 부분은 바로 언어·인지 발달 부분이다. 아이들은 아직 신체놀이에서 몸을 들어올리고, 몸무게를 받쳐주는 등의 도움을 필요로 하기 때문에 할아버지 할머니에겐 무리일 때가 많다. 하지만, 언어·인지 발달은 특별한 교재를 이용하거나, 공부시간을 따로 정해놓을 필요 없이 일상생활 속에서 이뤄질 수 있다.

아이들의 어휘는 폭발적으로 늘어난다. 공통적인 특징을 가진 물건이 각각 분류되는 것도 알게 되고, 숫자와 공간에 대한 개념도 조금씩 생겨난다. 이 발달 과정을 도와주자. 만 3세 아동에게 말을 할 때는 의식적으로 색상, 모양, 숫자가 들어간 어휘를 사용해보자. 아이는 그 자리에서 뜻을 되묻고, 확인하고, 자신의 어휘로 만들 것이다. 예를 들어 아이가 특정한 옷을 고집한다면 그 옷을 곧장 대령하는 것이 아니라, 말로 표현하게 하자. "파란색 옷을 입고 싶다는 거야? 파란색 옷 중에 어떤 거? 주머니가 달린 바지? 주름장식이 있는 치마"라는 식이다.

숫자를 의식적으로 언급하자. "할머니가 오늘 생선을 세 마리나 구웠네. 한 마리! 두 마리! 세 마리!" 만 3세 아이는 간단한 지시 사항에 따라 집안일 돕는 것을 즐기므로 이런 성향도 교육의 기회로 삼을 수 있다. "○○ 다섯 개만 줄래", "여섯 개만 건네줘"라는 식으로 점점 숫자를 높여나가면 된다. 아이가 틀려도 개의치마라. 의식적으로 숫자세기를 시키는 것 보다는 낫다. 숫자세기는 금방 습득하는 아이들도 5라는 숫자가 어떤 사물이 다섯 개 있다는 의미라는 걸 정확히 이해하기까지는 오랜 시간이 걸린다.

만 4~5세

아이는 만 5세까지 숫자에 대한 개념을 확실히 하게 된다. 달력이나 아날로그시계를 보여주고 자주 말로 표현해주자. 조부모들이 흔히 하는 '몇 밤 자면…'도 이에 해당한다. 달력을 보여주고, 실제로 며칠인지 같이 세어보자. 달력이 표시하는 공백과, 숫자는 아이의 두뇌에서 숫자, 시간의 개념을 형상화시킨다. 아날로그시계를 함께 보고 시간을 말해주는 것은 괜찮지만, 아이가 관심을 보이지 않는다면 굳이 시계 보는 법을 가르칠 필요는 없다.

대신 숫자 세기는 제대로 가르쳐주자. 단위가 클 필요는 없다. 놀이터에 몇 명의 사람이 있는지, 주차장엔 차가 몇 대 서 있는지, 함께 세어주자. 어른에겐 지루할 수 있는 시간이지만, 아이는 눈으로 보고, 귀로 할머니 할아버지의 음성을 들으면서 재밌게 숫자를 익힐 수 있다.

아이의 발달을 위해 또 하나 신경 써야 하는 것은 분류, 짝 맞추기, 비교 등의 두뇌활동을 할 수 있는 기회다. 어려운 말처럼 들리지만 실은 똑같은 모양 찾기, 관련된 물건 찾기, 더 큰 물건 찾기, 더 작은 물건 찾기, 더 많은 물건 찾기 등 생활 속에서 아이디어를 찾아낼 수 있다. 간단한 예로 "주사위를 던져 누가 더 큰 숫자가 나오나 보자."라는 제안 하나로 1~6까지 숫자 간의 비교를 익히게 할 수도 있다.

이 과정에선 되도록 놀이를 통한 학습을 강조하는데 이는 두뇌뿐만 아니라 운동발달과도 연관이 있다. 이 연령의 아이들은 손의 소근육이 제대로 발달되어 있지 않기 때문에 연필을 잡는 것이 서툴고, 글씨를 쓰려고 해도 제대로 힘을 줄 수 없다. 그 소근육을 키우게 하겠다고, 숫자, 글씨 쓰기 연습을 반복시키는 것보다는 다양한 그림을 그려주고, 아이에게 가위로 오려내는 연습을 시키는 것이 더 효과적이다. 소근육 발달과 더불어 아이가 익혀야 하는 동그라미, 세모, 네모 등의 도형을 익히는 게 낫다.

아이의 어휘가 늘어나고 언어에 대한 호기심이 많은 시기인 만큼, 욕설이나 비속어에 지대한 관심을 보일 수도 있다. 뜻을 모르고 하는 말이니만큼 심각하게 생각할 필요는 없다. 못들은 척 넘어가는 것도 한 방법이다. 아이는 자신이 중요하게 생각하는 어른과 소통되지 않는 단어에 대한 관심을 점차 잃어갈 것이다. 이 시기 아이에겐 어른을 모방하고, 그것에 대해 칭찬받기를 원하는 욕구가 자라는 때이다. 아이에게 바라는 행동, 말투가 있다면, 먼저 실천하면 된다.

만 5~6세

이 시기에 대부분 아이들은 유치원, 어린이집 등에서 기초적인 학습을 한다. 아이들이 취학 전 필요한 기술도 익히고, 생활습관도 들이는 시기다. 자칫 학습에만 치우칠 수 있지만, 이 시기 아이들의 발달 중, 가장 주목할 만한 것은 운동발달이다. 아이는 거의 어른과 유사한 방식으로 달리고, 멀리뛰기를 시도한다.

특히 만 5세가 되어서야 아이의 소근육이 발달해 거의 성인과 유사한 방식으로 연필을 쥘 수 있다. 본격적으로 아이에게 글자 쓰기를 연습시킬 수 있는 연령이다. 아이가 힘들어한다면 동의해주되,

재미없어 한다고 곧장 포기하지는 말자. 취학 후까지 놀이학습이 계속되지는 않는다. 재밌지 않아도 꼭 해야 할 일이 있다는 것을 가르치는 것도 중요한 취학준비다. 아이에게 카드나, 간단한 편지, 메모 등을 자주 요구하자. 할아버지 할머니를 향한 애정을 마음껏 이용할 수 있는 시기이다.

숫자에 대한 관심이 이어지는 만큼 아이에게 간단한 덧셈, 뺄셈에 대해서 가르치는 것도 좋다. 되도록 실생활에서 만지고 느낄 수 있는 물건을 사용해 놀이처럼 가르치자. "3 더하기 3은 얼마지?"라고 묻지 말고 직접 물건을 보여주면서 묻는 게 좋다. "여기 바둑돌 3개랑 검은 바둑돌 3개를 함께 놓으면 몇 개지?"라는 식이다. 아이가 바둑돌을 세고 있어도 답답해하지 마라. 여러 차례의 반복을 통해 아이들은 눈앞에 실제 물체가 없어도 머릿속에서 물체의 이미지를 세며 덧셈, 뺄셈을 해낸다. 암산까지도 가능하게 된다. +, − 등의 연산기호는 가르치지 않아도 된다. 유치원, 어린이집에서도 연산을 가르치지 않는다(추가 프로그램에서 가르치는 경우도 있으나 이 또한 일부다). 수학이 자칫 딱딱하고 어려운 과목이라고 생각하게 할 염려가 있기 때문이다. 수준도 조절하자. 아직 추상적인 사고가 발달하지 않은 아이들에게는 손가락을 꼽아가며 답을 구할 수 있는 한 자리 덧셈, 뺄셈으로 만족하는 것이 좋다. 구체적 물건의 조작 없이 아이들이 완전히 추상적인 계산 단계로 넘어가는 것은 보통 초등학교 4학년 때에야 가능하다.

만 6세~7세 / 초등학교 일학년

초등학교 1학년, 손주는 이미 할아버지 할머니뿐 아니라 부모의 품도 떠난 것처럼 느껴질 수 있다. 실제로 이 시기, 아이들의 가장 큰 과제는 다름 아닌 '독립적이 되는 것'이다. 아이에게 우호적인 어린이집, 유치원에 비해 학교는 아이 스스로 알아서 해야 하는 것이 많고, 정해진 규칙도 많다.

전통 격대교육에서 따지자면, 더 본격적인 배움을 위해 서당으로 손주를 떠나보내는 시기이다. 이후, 생활교육 외에 학업에 관련된 것은 조부모가 관여하지 않았다. 하지만 대가족에서 3대가 한 지붕 밑에 살던 전통사회와는 달리, 초등학교 이후에도 조부모와 한 집에 살며 자연스럽게 시간을 보내는 집은 거의 없다.

많은 시간을 함께 보내던 조손간이라도 아이가 학교생활에 적응하는 동안은 교류가 뜸해지게 마련이다. 그렇다면 격대교육도 끝나는 것일까?

적어도 신입생인 초등학교 1년 동안은 아이의 학업·인지발달보다는 사회·정서 발달에 관심을 기울일 필요가 있다. 아이는 만 6~7세가 되면서 자신을 객관적으로 보기 시작하고, 경쟁심이 발달한다. 이때 가장 필요한 것은 제대로 된 인정과 칭찬이다. 할아버지 할머니의 칭찬이 왜 부모의 칭찬보다 효과적이며, 아이들의 자부심을 높여주고, 학습능력까지 올려주는지는 앞에서 소개한 바 있다. 입학식, 운동회, 참관수업 등 아이의 학교행사에 적극적으로 참여해주

자. 조부모가 아이의 학교 교육을 중요하게 여긴다는 것을 보여주면, 아이는 저절로 교육을 중요하게 여기게 된다.

격대교육, 사교육과 다른 선택, 다른 목표

아이가 만 3세 유아기에서 초등학교에 입학하기까지 가장 유의할 것은 격대교육을 조기교육 혹은 선행학습과 혼동하는 것이다. 많은 아이들이 조부모 양육에 맡겨지는 0~3세 영유아시기에도 조기교육 시장은 활짝 열려있다.

한글교육관련 업계에서 내놓는 '한글 떼기' 교육프로그램은 만 2세 유아를 대상으로 시작한다. 만 3세부터 입학할 수 있는 유치원에선 추가프로그램으로 한글, 수학, 영어 '수업'을 제공하고, 수학, 과학 등 각종 교과목을 영어로만 진행하는 영어유치원까지 있다. 자신의 교육수준이 높고, 자녀교육에 대한 관심도 높은 엄마들의 정보력 또한 대단하다.

그럼 조부모들이 하는 격대교육이 이런 선행학습, 조기교육을 대신할 수 있을까? 결론부터 이야기하자면, 그렇지 않다. 높은 학력수준을 가진 부모 세대조차도 아이의 공부를 직접 봐주기엔 벅차다. 영어로 과학, 수학을 가르칠 수 있는 부모가 얼마나 되겠는가 말이다. 초등학교에만 올라가도 벌써 아이의 학과 관련 질문은 피해 다난다는 부모도 많다. 맞춤법, 교과과정 등이 모두 바뀐 조부모 세대는 말할 것도 없다.

격대교육 중 일부인 학과공부는 오히려 아이마다 다른 발달상황을 면밀히 지켜보고, 그 시기를 놓치지 않고 느리게 진행된다. 아이의 학업성취도를 높이는 것이 아니라 앞으로 있을 학습의 바탕이 되는 기초 공부를 하고, 스스로 공부를 해나가는 기틀을 마련한 것이다.

전통 격대교육에서도 아이의 천자문을 시작하는 것이 일률적으로 정해진 나이가 아니라, '엄마 젖을 뗄 시기', '밤에 잠자리에서 오줌을 가릴 줄 알게 되었을 때' 등 각기 다른 아이의 발달 상황을 고려했음을 놓치지 말자. 조부모의 격대교육을 선택한다는 것은 처음부터 다른 목표를 향해 움직이는 것이다. 조부모가 부모 세대나, 전문학원, 과외 선생님을 능가하는 전문 교육자여도 마찬가지다.

유진이 할아버지의 한글교육

5년 6개월 남아 유진이의 할아버지는 은퇴 후 거의 대부분의 시간을 손주와 보낸다. 유진이는 유치원 외에 다니는 학원은 없다. 주변에서는 많이 배운 할아버지라 손주를 직접 가르치는 것이라고 부러워한다. 할아버지가 이공계 박사인데다, 대학교수로 수십 년을 재직해서 교육경험도 풍부하기 때문이다.

하지만 막상 유진이는 아직 한글도 '떼지' 못했다. 글자를 아주 모르는 건 아니지만, 또래 아이들처럼 혼자 동화책을 읽거나 받아쓰기를 할 정도는 아니다. 지방도시의 유치원에서도 드문 일이다. 한글을 빨리 배울수록 독서가 빨리 시작되고, 아이의 인지 능력이 발달하고, 이해력도 빨라져 효과가 눈덩이처럼 불어날 거라 믿는 사람들은 보통 만 4세면 아이들의 한글을 떼고 독서교육에 힘쓴다.

1년 전, 유진이의 할아버지도 한글 학습방문교사를 신청한 적이 있었다. 하지만 유진이는 한글공부에 흥미를 보이지 않았고, 한글공부 시간만 되면 짜증을 부렸다. 유진이가 한글보다 먼저 관심을 보인 것은 한문이었다. 아이의 호기심을 놓치지 않고 한문교육은 조금씩 해왔지만, 굳이 한글을 가르치진 않았다. 대신 잠자리에서 할머니와 번갈아가며 책을 읽어주고, 대화의 시간을 가졌다. 덕분에 유진이의 어휘력이나 문장구사력은 또래에 비해 우수한 편이다.

한글교육의 적기에 대해선 아이들마다 차이가 있지만 자음과 모음이 나뉜 한글의 원리를 이해할 정도로 뇌가 발달하고, 한글을 쓸 수 있는 소근육이 발달하는 것은 만 5세 이후이다. 책을 많이 읽어주고, 글자를 많이 접하게 함으로써 자연스럽게 한글을 깨치는 경우가 아니라면, 아이에게 스트레스를 주면서까지 한글을 가르치는 것이 다른 아이들과의 비교에서는 우위를 차지할 수 있지만, 장기적으로 볼 때는 학습에 대한 아이의 의욕을 잃게 할 수 있다. 언어는 말하기, 듣기, 읽기, 쓰기의 네 영역으로 나뉘어져 있음에도 불구하고, 유난히 읽기를 강조하는 것 역시 아이들의 흥미를 떨어뜨릴 수도 있다는 점도 고려해야 한다.

할아버지는 만 5년 6개월이 된 때가 손주의 한글교육 적기라는 결론을 내렸다. 한글교육을 시작하기 2주 전부터 아이의 관심을 끌기 위해 텔레비전, 냉장고, 할머니, 할아버지 등의 간단한 단어장을 만들어 직접 가슴에 달기도 하고, 물건에 찾아 붙이기도 했다. 같은 유치원 아이들 대부분이 한글을 술술 읽는 것을 보고 결정한 일이다. 비교나 경쟁은 아니었다. 너무 빠른 게 아니라면 함께하는 또래 집단의 수준을 어느 정도는 맞춰주는 것이 아이의 자존감 형성에 좋다는 판단이었다. 할아버지의 한글교육 목표도 소위 '한글을 뗀다'는 것과는 거리가 멀다.

할아버지: 제 한글교육 목표는 그거예요. 완전하게 책을 읽을 만큼 한글교육을 본격적으로 하는 건 아니에요. 한글을 줄줄 읽게 하자, 그런 건 아니고 대충 이것은 한글이고 어떤 글자다, 어떻게 글씨를 읽어야 한다 같은 기본적인 틀 범위만 알게 해주자는 목표였어요. 자음 모음을 먼저 정확하게 쓰는 것을 가르쳐주고 그거 조합하는 걸 가르쳐주면요, 자기가 글자를 몰라도 다 쓰더라고요. 천천히 하루에 몇 글자씩만 하면 돼요.

아이가 한자교육으로 글씨를 쓰는 것에 익숙해진 후라 한글 받아쓰기 진행 속도도 빠른 편이지만 일부러 수준을 제한한다. 학교에 가서 받아쓰기 100점을 받는 것을 목표로 미리 하는 수업이 아니기 때문이다.

할아버지: 복잡한 글자, 혼합된 '앉다', '않다' '맑음' 같은 이런 것들은 아직 유진이한테는 무리인 거 같아요. 그래서 그런 것은 절대적으로 피하고 있어요. 그건 나중에 학교에 가서 선생님들이 가르쳐주실 것이고, 그렇게까지 아이에게 오랜 시간 동안 한글공부를 시킬 생각도 없고요.

저녁식사 후 15분간 진행되는 한글공부 시간에는, 유진이가 자발적으로 흥미를 보이는 한문처럼 자율적으로만 놔두진 않는다. 할아버지가 먼저 부드럽지만 정확하게 '공부'를 할 시간이라는 걸 알려준다. 한글공부에 쓰이는 화이트보드도 마커도 유진이가 직접 챙겨야 한다.

유진이 할아버지가 고안한 손주 맞춤 한글 교육법
① 화이트보드에 할아버지가 모음을 적고 자음을 바꿔가면서 발음을 알려준다.
예) 가 … ㅏ … 다 … ㅏ
② 아이가 어느 정도 익숙해지면 받침을 넣어준다
예) 갈 … ㅏㄹ … 말 … ㅏㄹ … 살 … ㅏㄹ … 팔 … ㅏㄹ
③ 자음을 지운 뒤, 화이트보드에는 모음만 남은 상태다. 할아버지가 불

러주는 소리에 맞춰 이번에는 유진이가 자음을 채워 넣는다.

예) ㅏ ⋯➤ 가 ⋯➤ ㅏ ⋯➤ 다

④ 한 음운으로 된 한글을 배운 뒤에는 동일한 모음 배열을 이용하는 친숙한 단어를 써주고 읽게 한다.

예) 어미 ⋯➤ 거미

　　저울 ⋯➤ 거울 ⋯➤ 서울

　　치마 ⋯➤ 이마 ⋯➤ 기마

　　바위 ⋯➤ 사위 ⋯➤ 가위 ⋯➤ 머위

①에서 ④의 과정을 반복한다. 아이가 익숙해지면, 이번엔 자음만 남겨놓고 모음을 쓰는 연습을 시킬 수 있다.

만 2~3세에 시작하는 한글교육 교재는 보통 통문자 교육(그림카드 등을 이용해 낱말을 이미지로 기억하게 하는 방식)에서 낱글자 교육(자모음체계를 바탕으로 한 음운교육으로 자음을 분리한 낱글자를 학습시켜, 모음, 자음 조합 원리를 이해하게 한다)으로 단계를 높인다.

유진이의 경우는 취학연령에 가까워 조합 원리를 이해할 수 있을 것이라는 판단에 낱글자 교육으로 한글교육을 시작했다. 실제로 유진이는 조합 원리를 재미있어하고 어휘력이 뛰어나 '바위', '사위'라는 단어를 들려주자 곧장 '가위', '머위'라는 단어를 기억해냈다.

아이의 발달정도와 성향에 따라 시중 교재를 변형, 응용해 선택한다. 다만 한글교육의 시작은 아이가 흥미를 느낄 때 시작하는 것이 좋다. 만 4세에 한글을 뗀 아이나 만 7세에 학교에 들어가 독서를 시작한 아이나, 초등학교 저학년을 벗어나면 독해력이나 이해력은 별반 차이가 나지 않는다.

실제로 영유아기, 취학 전 아이들이 어휘를 많이 배우게 되는 가장 효과적인 방법은 '단순한 책읽기'가 아니라 책읽어주는 사람과의 활발한 소통이 있는 '대화형 독서'이다. 대화형 독서는 아이가 꼭 글을 읽을 줄 몰라도 가능하다.

유진이 할아버지의 완행교육

아직 공부라는 것이 익숙하지 않은 유진이는 10여 분이 흐르자 갑자기 딴청을 피우기도 한다. 유치원에서 있었던 일을 조잘조잘 떠들기 시작한 것이다. 할아버지는 크게 호응하지 않고 들어준다. 3분 정도가 흐르자, 유진이가 다시 공부에 집중한다. 다시 8분 정도 한글공부가 이어진다. 할아버지의 한글교실은 휴식 시간까지 합쳐도 20여 분이 넘지 않는다.

유진이는 약 여러 개의 단어를 보고 읽지만 직접 써보는 단어는 한두 개 정도다. 할아버지가 세운 유진이 한글교육 진도는 소박하기까지 하다. 일주일에(하루가 아니다!) 한글 단어 8개 정도를 읽고 쓸 수 있게 하는 것이다. 주말을 제외하고 주5일간 15분씩 투자해서 하루 2단어가 안 되는 교육목표를 세운 셈이다. '2주 완성'을 장담하는 한글교육 프로그램이 넘쳐나는 상황에서 할아버지가 완행 한글교육을 고집하게 된 이유는 무엇일까?

할아버지: 우리가 볼 때는 한글이 참 쉽잖아요. 내가 어려서 한글을 배웠을 때는 빨리 배운 편이거든요. 한글을 문자처럼 보고 직관적으로 읽는 스타일이었어요. 자음, 모음 조합 원리 이런 걸 생각하지 않아도 됐는데, 나중에 헷갈리는 부분이 많아서 상당히 애를 먹었다는 거죠. 유진이는 한자를 배울 때도 그렇고 원리를 재밌어하더라고요. 좀 늦더라도 자음, 모음 조합 원리를 가르치는 게 낫겠구나 싶었죠.

가장 인상적인 것은 한글공부가 끝난 후 유진이의 반응이다. 중간에 딴청을 피우기도 하지만 유진이는 할아버지와 함께하는 공부가 하기 싫다고 말하거나, 떼를 쓴 적은 없다. 공부가 끝나면 유진이는 "할아버지, 고맙습니다"라는 인사를 잊지 않았고, 할아버지는 "잘 따라와줘서 고맙습니다"라고 대답한다.

유진이의 눈에 할아버지는 '매일 매일 좋은 공부를 많이 시켜주는 분'이다. 하루 20분의 시간을 투자하는 격대교육이 취학 이후 유진이의 성적표에서 즉각적인 효과로 나타날 거라곤 기대하지 않는다. 하지만 할아버지가 손주 유진이에게 거는 기대는 당장 또래들보다 몇 발짝이라도 앞서길 바라는 부모들의 평범한 기대보다 훨씬 크다.

할아버지: 제가 대학 강단에 30년 넘게 서서 보면 대학생이 되고도 스스로 공부를 할 수 있는 능력이 없는 학생들이 꽤 있어요. 공부를 어린 애한테 다 일방적으로 집어넣으려고 하니까, 점수 얼마 맞으면 상을 준다. 못하면 혼난다. 그런 식으로 엄마, 아버지한테 닦달을 쭉 당한 아이들은 공부에 대해 흥미가 없어지고 방법을 몰라요. '과잉 교육'을 하려는 그 마음은 이해가 되요. 엄마, 아빠들은 현재를 보거든요. 지금 내 아들이 내 딸이 남의 애들하고 경쟁에서 뒤처지는 걸 못 보겠는 거죠. 하지만 어려서 내몰면 커서 애들이 스스로 할 수 있는 능력을 못 기른다고요. 근데 그때쯤은 부모가 해결해줄 능력이 없죠. 최소한도 무언가를 보면 생각할 수 있는 지혜를 심어주자. 스스로 생각하는 힘을 키워주는 것, 그게 지금 할아버지 할머니가 손주를 하나 맡아 교육하면서 가져야 하는 중요한 목표라고 생각해요.

초등학생 격대육아: 정서교감만으로도 아이는 성장한다

　초등학교 저학년부터 아이들은 부모와의 시간조차도 점점 짧아진다. 학과 공부뿐 아니라, 미술, 음악, 운동 등 특기 활동으로 요즘 초등학생의 하루는 짧다.

　영·유아 때처럼 할머니 할아버지의 보살핌이 항상 필요한 시기가 아니기 때문에, 조부모는 양육의 부담에서도 벗어나고, 아이들의 인지능력이 발달할수록 직접적인 과목 교육자로서의 역할도 줄어든다.

　그렇다 해도 긴밀하게 유지했던 격대관계를 이어갈 비법이 있고, 인지능력이 발달한 만큼 돈독한 관계가 될 비법이 있다. 초등학교 저학년과 고학년에 맞는 격대교육을 알아보자.

초등학교 저학년, 손주의 학생이 돼라

　초등학교 저학년은 아이의 학습 습관을 제대로 잡을 수 있는 마지막 시기이다. 아이들이 학교생활에 잘 적응하는 데는 가장 뛰어난 두뇌나 재능이 필요한 것이 아니다. 학교에서 배운 내용을 잘 이해하고, 복습하면 된다.

　아이 생애 최초의 선생님에서 벗어나 이번엔 역할을 바꿔보자. 손주의 학생이 되어보는 것이다. 아이에게 학교에서 배운 것을 할머니 할아버지에게 가르쳐달라고 부탁해보자. "오늘은 뭘 배웠어?"라고 두루뭉술한 질문을 하기보단 좀 더 상세하게 묻는 것이 좋다. 산수시간에 분수를 배웠다고 하면, 분수는 무엇인지, 문제는 어떻게 푸는 것인지, 구체적으로 묻자. 아이들이 언제나 가르침을 받기만 했던 할머니 할아버지에게 설명해주는 기쁨을 느끼게 하자. 이 간단한 과정을 통해 아이들은 복습뿐 아니라, 편안한 상황에서 질문에 응답하는 방법을 알게 된다. 설명을 듣고 난 후에는 조부모만이 할 수 있는 자세하고, 진정이 담긴 칭찬을 날려주자.

　또 다른 방법은 아이들의 숙제를 최우선으로 하는 학습 습관들이기다. 대부분의 숙제는 아이들이 학교에서 배운 것을 다시 한 번 연습하고, 복습하고, 자신의 것으로 익히는 데 도움이 된다. 하지만 많은 아이들은 숙제가 벌이라도 되는 양 받아들이곤 한다. 아직 사고력이 완전하게 발전하지 않은 상태라서 어렵다고 생각되면 무조건 포기하려 들기도 한다.

　숙제를 봐줄 때는 지문을 풀어 대화식으로 설명해줄 수도 있고, 할머니 할아버지에게 설명하면서 저절로 답을 찾기도 한다. 숙제는 혼자 하는 것이라는 원칙 때문에 아이가 지나치게 오랜 시간 끙끙대는 것을 보고만 있지 말자. 한 두 문제 정도는 직접 답을 알려주어도 된다. 이때 손주의 숙제를 대신해주는 게 아니라, 손주에게 어떻게 하는 것인지 예를 들어 보여주는 정도여야 한다.

　아이의 의존성만 키우는 게 아니냐는 걱정을 할 필요는 없다. 초등학교 저학년 학생 중 숙제를 즐겁게 받아들이고, 미루지 않고 끝내는 아이는 드물다. 공부를 좋아하고, 싫어하고의 문제가 아니라 생활습관일 뿐이다. 아이가 아무리 힘들어하더라도 "너희 선생님은 무슨 이런 숙제를 내줬니"라는 식의 말은 해서는 안 된다. 보통 조부모는 아이가 안쓰러운 마음에 하는 말이지만 아이는 숙제, 학교에 대한 부정적인 생각만 가질 뿐이다.

　어른들은 보통 방과 후, '숙제부터 끝내고' 놀라고 하지만, 아이들 중에는 숙제를 시작하기 전까지 잠시 휴식을 취하는 것이 효과적인 경우도 있다. 먼저 손주가 어떤 경우, 더 효율적으로 과제물을 끝내는지 관찰해보자. 그래도 너무 밤늦게까지 숙제를 미루는 버릇이 있다면 절충안으로 5시~6시까지는 숙제시간이라는 식으로 하루의 일정을 정해주는 것도 고려하자. 하교하자마자, 저녁 먹고 나자마자라는 식으로 시간이 들쭉날쭉할 경우, 아이와 얼굴이 마주칠 때마다 '숙제는 언제 할 거니?', '숙제는 했니'라는, 아무리 부드럽게 말해도 아이들이 듣고 싶지 않은 대화만 나누게 될 수 있다.

3대가 한집에 사는 초등학교 4년생 승준이의 하교 후 일정을 보자. 곧장 수학학원에 갔다가 집으로 돌아온 승준이는 학교에서 내준 종이 공작 숙제 물품을 구입한다. 공작 숙제를 마친 뒤 국어 숙제를 한다. 저녁식사를 끝낸 아이는 다시 책상에 앉아 유인물을 풀기 시작한다. 이번엔 학원 숙제다. 숙제를 모두 마치자, 다음날 수업 시간표를 확인한 후, 등교 가방을 모두 챙겨 복도에 내놓는다. 중간에 동생의 유치원 차량을 마중 나가기도 하고, 할머니의 심부름을 하는 등 두 차례 공부가 중단되기는 했지만, 아이는 지체 없이 다시 숙제가 펼쳐진 책상 앞으로 의자를 당겨 앉았다.

조부모 중 누구도 아이에게 숙제를 했는지 묻지 않았다. 등교 준비가 끝난 가방을 점검하지도 않았다. 너무나 자연스럽게 이뤄지는 잠자리에 들기 전 숙제 완료, 등교 준비 완료는 1학년부터 3학년까지 3년에 걸쳐 꾸준히 지도한 결과였다.

할아버지: 조부모가 인제 승준이가 해야 할 일을 우리가 다 모르잖아요. 학교에서 숙제라든지 또는 학원에서 숙제라든지 지가 뭐 준비해야 될 거라든지 잘 모르니까요. 그걸 일일이 챙겨줄 수 없어요. 대신 본인이 체크를 하도록 옆에서 계획을 세우는 방법을 알려줬죠. 숙제는 언제부터 언제까지, 시험을 앞두고는 며칠부터 며칠까지, 마감 날짜 며칠 전에

는 어떤 단계까지, 자율적으로 자기 시간을 조절할 수 있도록 말이죠. 4학년이 되니까 이제 손댈 데가 별로 없어요. 저학년 때는 준비물 같은 거 빠뜨리고 가서 학교까지 달려가 전해준 적이 많아요. 그런데 할아버지, 할머니가 자기가 봐도 기력이 없고 한 걸 알고 미안해하죠. 이젠 그런 일이 없어요. 오히려 부모랑 지내는 애들보다 더 자율적이 될 수밖에 없는 상황이죠.

초등학교 고학년, 관계를 더 돈독히 하라

초등학교 고학년은 아이들의 사고력이 극적으로 발달하는 때이다. 때때로 거의 성인처럼 생각하고 말하는 손주들을 발견하고 대견할 수도 있고, 놀랄 수도 있다. 전 세계적으로 학과목이 초4학년부터 어려워지는 것도 이 시기의 인지발달을 기준으로 한 것이다. 이미 초등학교 저학년에 생활습관, 학습습관이 잘 잡힌 아이라도 학교 공부를 따라가기에 버거워하는 시기이기도 하다.

이 시기는 아이에 따라 차이가 있지만 이미 사춘기에 접어드는 시기로 봐야 한다. 특히 손녀가 있다면, 그 변화가 남자아이에 비해 훨씬 빠르다는 것을 알게 될 것이다. 보통 여자아이는 우리나이로 10세(만 8세), 남자아이의 경우는 만 11~13세 사이에 2차 성징이 나타나기 때문이다.

하지만 아이가 벌써 멀어졌다고 생각할 필요는 없다. 조부모와의 사이가 좋은 아이들이 친절하고, 친사회적인 성향을 보인다는 미국의 연구나, 조부모와 한집에서 초등학교를 보낸 중학교 1학년 아이들의 인지점수가 더 높게 나타났다는 점을 기억하자. 할아버지 할머니의 든든한 지지를 받고 자라는 10대 초기는 분명 핵가족의 아이들과는 다른 흔적을 남긴다.

만약 이전부터 손주의 학과공부를 도와주고 있었다면 이 시간은 아이와의 관계를 더욱 돈독하게 하는 시간으로 삼자. 앞서 소개한 초등학교 5학년생 기진이의 할아버지는 아이가 사춘기로 들어서자, 아침잠을 포기하면서까지 다시 영어회화 앱을 통한 공부를 시작했다. 아이와 지속적인 접촉을 끊지 않음으로써 아이의 조언자가 되기를 자청하기 위해서였다.

무엇을 가르쳐준다고 생각하지 말자. 공부를 하라고 직접적으로 말하기보단 아이와 인터넷을 함께 보고, 이렇게 어려운 것도 잘 이해하냐며 공감해주는 것만으로도 손주에겐 큰 힘이 될 것이다.

손주와의 시간을 꼭 학과공부를 도와주며 혹은 공부를 독려하며 보낼 필요는 없다. 이 시기의 손주들은 더 이상 신체적 돌봄이 필요치 않은 나이이다. 취미가 있다면 아이와 적극 공유하자. 기진이의 할아버지는 손주와 함께하는 시간을 늘리기 위해 초등학교 아이들이 좋아하는 동영상, IT 기기 등에 관심을 기울였다. 또래 친구들 사이에서 유행하는 동영상, 게임 등이 있으면 항상 할아버지에게 소개

하는 기진이 덕분에 할아버지는 기진이의 교우관계에 대해서도 자세히 알게 됐다. 학과공부에 비교적 부담이 적은 이 시기에 취미생활을 함께하는 것도 좋겠다.

> 무엇을 가르쳐준다고 생각하지 말자. 공부를 하라고 직접적으로 말하기보단 아이와 인터넷을 함께 보고, 이렇게 어려운 것도 잘 이해하냐며 공감해주는 것만으로도 손주에겐 큰 힘이 될 것이다.

이 시기가 기초 학습능력을 쌓는 시기라는 것과 함께 중요한 이유는 아이들의 장래희망이 제법 구체적으로 자리 잡는 시기이기 때문이다. 대통령, 소방관, 경찰관, 선생님, 운동선수, 연예인 등 눈에 띄는 대로, 흥미가 가는 대로 말하곤 하던 아이의 장래희망이 처음으로 현실적인 뉘앙스를 풍기기 시작한다.

직업선택을 연구해온 엘리 긴즈버그(Eli Ginzberg)의 이론에 따르면 11세 이전 아이들은 역할놀이와 상상력을 이용해 장래희망을 생각해보는 환상적 단계에 머물러 있다고 한다. 하지만 11세 이후 아이들은 자신이 좋아하는 것, 싫어하는 것, 흥미로운 것을 알게 되어 구체적인 시도단계에 접어든다. 17세까지 이어지는 이 '시도적 시기'는 어떤 직업에 필요한 자격, 성과가 가져올 가치, 보상에도 눈 뜨는 시기다. 다양한 경험은 아이의 미래 직업관을 더 확고하게 하고 그 목표를 향해 아이의 자발성, 문제 해결 능력을 키워주는 자양분이 될 것이다.

아이들의 신체변화에 따른 독립성과 사생활도 존중해주면서 '너무 멀지도 않게 너무 가깝지도 않게' 손주와의 연락을 유지하는 것이 중요하다. 꼭 함께/가까운 곳에 살지 않더라도 정기적인 전화통화, 이메일 교환 등을 통해 할아버지 할머니가 지속적인 관심을 가지고 있음을 보여주자. 때로는 침묵이 흐르고, 때로는 답장이 없을 수도 있다. 하지만 아이들은 이 시기만 지나면, 그 애정을 기억한다.

승준(초4): 어렸을 땐 밤에 나쁜 꿈을 꾸거나 해서 잠이 깨면 할머니, 할아버지 방으로 갔어요. 잠결에도 제가 온 걸 아시곤, '우리 손자 왔구나. 이리 와라'하고 위로해서 다시 잠들게 해주셨죠. 지금은 제가 덩치가 커져서 같은 방에서 자는 건 허락 안 해주세요. 그래도 항상 만나면 일단 안아주시고, 좋은 말씀 해주세요. '맘에 드는 손주'라고 부르시면서요.

쌍둥이 남매(고3): 할머니는 저희랑 만나기 힘들 때는 인터넷을 보다가 좋은 글귀 같은 거 발견하시면 이메일로 보내주시곤 하셨어요. 저흰 꼬박꼬박 답하지도 못했어요. 그래도 이메일 받으면 좋더라고요. 아, 할머니가 아직도 우릴 위해서 계속 뭔가 해주려고 하시는구나. 그런 걸 느꼈던 거 같아요. 지금도 저희 친구들 중엔 '아, 오늘 할머니, 할아버지 오셔. 친구들이랑 못 놀아서 짜증나'하는 친구들이 있는데 잘 이해가 안 돼요.

10대 격대육아:
부모의 사춘기 시절을 들려줘라

조손관계는 현재에는 저희가 인정하는 것보다 더 중요할 수 있어요. 이전 세대에서는 조부모가 지금처럼 오래 살지 못하기도 했죠. 그래서 10대와 관계를 구축할 수 있는 기회가 적었죠. 하지만 지금 상황을 봤을 때, 우리가 의식적으로 조부모와 10대 아이들의 관계를 강화하기 위해 노력해야 해요. 이제 조부모가 더 오래 살고, 건강하기 때문에, 조부모의 존재를 더 잘 활용할 수 있어야 하는 거죠.

- 제러미 요거슨(Jeremy Yogurson), 브리검 영 대학교 가족생활학부 교수

인간의 평균수명이 늘어나면서 가족관계에도 변화가 일고 있다. 손주들이 대학교에 진학하기까지 건강하고, 사회활동을 활발히 하

고 있는 조부모가 늘어나고 있는 것이다. 이런 조부모는 (아이들의 입장에서 볼 때) 인류 역사상 처음 등장하는 존재다. 그러니 조부모와 10대의 관계도 새로울 수밖에 없다. 조부모가 집안의 웃어른으로 존경받던 시대를 보낸 현재의 조부모 세대나, 부모 세대는 경험하지 못한 관계일 수 있다. 역사상 어느 때보다 건강하고, 오랜 기간 같은 시대를 공유할 조부모와 10대 손주와의 관계는 어떨까?

가족의 역사를 들려줘라

지난 2009년 영국 Grandparents plus의 조사결과에 따르면 10대 손주와 조부모의 관계는 기존의 생각보다 훨씬 가까웠다. 특히 1,500명이 넘는 10대들의 설문조사에 따르면, 47%의 조부모(55%의 외조부모)가 손주들의 학교 행사에 참가했고, 44%의 10대가 자신의 문제에 대해 조부모와 상의했다. 특히 27% 이상의 10대들은 부모와도 상의하지 못하는 문제에 대해 할아버지 할머니와 상의했다. 그리고 85%의 10대들이 할아버지 할머니의 의견을 존중한다고 답했다.

영국의 10대들은 심지어 부모와 조부모의 사이가 좋지 않거나, 이혼, 별거 때문에 조부모와 손주 사이가 소원해지면 자신들의 '당연한 권리를 박탈'당하는 것이라고 생각하고 있었다. 이 조사결과

이후 영국 내에서도 조부모와 손주 사이를 증진시키기 위한 많은 정책이 제안되고 있다. 예를 들어 현업에 종사하는 조부모에게 1년간의 육아휴가를 보장하는 것부터, 학교에서 부모면담, 참관수업뿐 아니라 조부모 참관수업 등을 높여야 한다는 목소리가 힘을 얻고 있는 것이다.

흔히 예측 불가능하고, 속을 알 수 없다고 생각했던 10대들은 사실 할아버지 할머니를 부모 다음으로 가깝게 느끼고 있으며, 세대 차이를 넘어 그들의 의견을 존중하고 있었다. 조부모는 오히려 부모보다 한 발 물러나 있음으로서, 부모와 10대 사이 심리적 거리를 메워줄 수 있다.

일단 조부모는 10대들의 말을 들어주고, 공감할 수 있다. 굳이 이것이 '옳다, 그르다'라는 가치 평가를 해줄 필요는 없다. 잘 들어주는 것만으로도 아이는 스스로 해답을 찾는다.

오늘날의 10대들이 과거와 다르다고 생각하지 말고 마음을 열어보자. 사실 10대들의 반항과 무뚝뚝함 속에는 자신만이 이런 힘겨운 변화의 과정을 겪고 있다며 괴로워하고 있을 수 있다. 이때 조부모가 부모, 삼촌, 친척 등이 겪었던 10대 시절 문제와 극복과정을 알고 있다는 것은 큰 자산이 된다. 그들의 일화를 짤막하게 나누면서, 아이가 같은 문제를 겪은 기성세대로부터 실질적 도움을 받을 수 있다는 것을 일깨워주자.

조부모는 10대의 멘토로서 자부심을 가질 필요가 있다. 아이들

■ **조부모가 10대 손주와 나눌 수 있는 격대교류**

함께할 수 있는 활동	– 정기적인 방문 – 가족 이벤트 참여 – 조부모와의 외출 – 조부모 집에서 자고 오기
교류	– (가능하다면) 가까운 곳에 살기 – 전화통화, 이메일, 편지 등 교환하기
조부모가 참여했으면 하는 활동	– 학교 관련 행사 – 10대의 관심사 공유

부모의 협조 사항	– 10대가 조부모의 집을 방문하거나, 이야기를 나누고,
	  시간을 함께 보내는 것을 격려
	– 10대 아이들 앞에서 조부모에 대해 긍정적으로 반응하고,
	  이야기를 나누고, 존중하는 모습 보여주기

중 85%가 할아버지 할머니의 의견을 모두 따르지는 않지만 분명 마음에 담고 존중한다는 것을 말이다. 어떻게 10대 손주들과 관계를 친밀하게 만들 수 있을까. 10대 아이들의 대답을 들어보자. 조부모라면 모두 어렵지 않게 할 수 있는 것들이다.

유의해야 할 육아 미신

조부모뿐 아니라 엄마들 사이에서도 회자되는 육아상식 중에는 잘못된 것이 많다. 그 중에서도 특히 아기의 안전과 건강에 직결되는 부분을 살펴보자. 알쏭달쏭한 육아상식에 헷갈려하는 초보 부모들에게 조부모는 현명한 조언자가 될 수 있을 것이다.

신생아는 매일 목욕시켜야 한다? NO!

첫돌까지는 일주일에 2~3회 정도, 시간은 5분 정도로 짧게 하는 것이 좋다. 이때 피부에 자극과 손상을 주지 않도록 주의한다. 때를 미는 것은 금물이다.

아이가 열이 나면 땀을 빼는 것이 효과적이다? NO!

땀으로 수분이 손실되어 탈진이 일어나기 쉽다. 냉찜질로 급하게 열을 식히려는 것 또한 근육에서 열을 발생시키므로 좋지 않다. 체온과 비슷한 정도의 미지근한 물로 몸을 닦아주는 것이 가장 효과적이다.

엎어 재우거나 옆으로 재우면 심장이 튼튼해지고 두상이 예뻐진다? NO!

우리나라뿐 아니라 서양에서도 오랫동안 회자된 미신이다. 미국에서 2012년까지도 33%의 조부모가 아이를 눕혀 재워도 된다고 생각했다. 하지만 이에 대한 과학적 근거가 없고, 오히려 영아 돌발사망 증후군의 위험을 증가시킬 수 있다.

어릴 때 찐 살은 크면 다 빠지니, 많이 먹어야 잘 큰다? NO!

지나친 양의 음식은 아이의 소화기관에 무리를 주고, 영양섭취도 제대로 안 된다. 영국에서 하루 종일 조부모의 보살핌을 받는 9개월에서 3살 사이의 아이들은 부모 양육 하의 아이들보다 비만 가능성이 34% 높았다. 1주일에 20시간 이상 손주를 돌보고 있다면 먹을 것에 대한 지나친 관대함을 보여주고 있지 않는지 엄격히 체크해야 한다.

아기들은 뼈가 물러서 자꾸 만져주면 예쁜 모양을 만들 수 있다? NO!

과학적 근거 없는 속설이다. 코가 높아지고 쌍꺼풀이 생긴다고 얼굴을 만져주지만 자칫 얼굴을 누르다가 속에 있는 뼈가 어긋날 수도 있다.

분유를 차게 해서 먹이면 장이 튼튼해진다? NO!

0~3세 아기의 음식은 체온이나 상온 정도가 적당하다. 감기나 호흡기 질환에 걸렸을 때도 체온을 내리겠다고 찬 음식을 주어서는 안 된다.

아기의 젖을 짜줘야 함몰유두가 되지 않는다? NO!

유두의 모양은 사춘기를 지나면서 발달한다. 신생아 시절 젖을 짜는 것은 아이의 피부에 무리를 줘 자칫 감염만 일으킬 수 있다.

조부모에게 유용한 정보

전문가의 도움

손주 육아에 대해 자신이 없다면 전문가의 도움을 요청하자. 분유타기부터 기저귀 갈기까지 기초적인 실습부터 응급상황대처, 전래놀이, 아기 마사지 등 다양한 프로그램이 지역별 보건소와 산부인과, 분유업체 등에서 무료로 열리고 있다.

응급의료정보센터

아이가 갑자기 아플 때는 민간요법에 의지하거나 당황하지 말고, (국번없이)1339 응급의료정보센터로 문의하자. 365일 24시간 운영되며 야간, 휴일 등에는 가까운 당직 의료기관이나 당번 약국 등의 정보도 얻을 수 있다.

아이돌보미 서비스

아이돌보미 서비스(문의 1577-2514 idolbom.mogef.go.kr)는 만 12세 이하 취업부모 자녀 등을 대상으로 돌보미가 직접 찾아가 돌봄 활동을 제공하는 서비스를 제공한다.

격대교육(隔代敎育)
할아버지가 손자, 할머니가 손녀를 맡아
잠자리를 함께하면서 교육함

조부모는 실패하지 않는
육아 조력자다

격대교육은
단순한 조부모 양육이 아니라,
아이를 위한 2세대 3각 교육이다.

아이와 할아버지, 할머니와 부모 못지않은 애착을 쌓는 법,
조부모가 양육스트레스에 압도되지 않고,
교육에 힘쓸 수 있는 환경

격대교육, 그 성공의 열쇠는 할아버지 할머니가 아닌
부모인 당신이 쥐고 있다.

01

격대육아와 함께
시작되는 고민

맞벌이하는 민정 씨는 요즘 걱정이다. 아이들 양육문제로 시부모를 설득해 한 집에 살게 된 그이지만 아이들이 초등학교와 유치원에 다닐 정도로 자라자 시부모는 분가를 원하는 눈치다. "처음엔 불편도 하거니와 교육 때문에라도 아이들이 제 앞가림 할 때까지만 같이 살 생각이었는데…." 대가족은 환상이라고 생각했던 그녀는 이제 새로운 선택을 한다.

'조부모교육 혹은 격대교육'은 '황혼양육'과 혼재되어 쓰이고 있다. 부모 세대는 조부모 세대에 육아도우미로서의 역할만을 바랄 때, 조부모 세대는 격대교육자로서의 역할을 할 수 있을까? 그렇다고 부모 세대가 자녀교육을 조부모에게만 일임할 수는 없는 일이다.

할아버지, 할머니, 엄마, 아빠, 아이, 3세대를 모두 만족시킬 수 있는 조부모 양육과 격대교육 사이의 황금률은 과연 존재할까?

체력적 부담

오면 반갑고 가면 더 반가운 존재, 바로 손주다. 손주의 재롱에 함박웃음을 짓기도 하지만, 신체적으로 쇠약해져 가는 노년층에게 아이를 돌보는 것은 힘든 일이기 때문이다. 한 조사에 따르면 서울에 사는 60세 이상 노인들이 가장 원하지 않는 노후는 '황혼육아'라고 한다. 이미 자녀양육에 젊음을 바친 노인들은 취미생활 등에 많은 시간을 투자하고 싶어 한다. 손주 양육을 맡겠다고 자청한 조부모에게조차도 후회의 순간은 시시때때로 찾아온다. 조부모들의 말을 들어보자.

어느 날은 제가 육아일기에 이렇게 썼어요. 아이가 중이염 앓고, 매일 보채고 그러니까 너무 힘들어서⋯ "즐거움과 고달픔이 교차하는 세월 벗어나고 싶은 순간, 어찌하랴. 되돌리기에는 늦음이다. 고물고물 커가는 내 손주들을 아까워 누구에게 밀어내겠나." 계속 이 순간을 되새기면서 참아온 거예요.

아이 육아 때문에 내가 몸이 너무 아픈 거죠. 잠을 계속 못잔 것이 쌓여가지고 사람이 막 오후 정도 되면 미쳐버릴 거 같아요. 펑펑 울고 싶어, 지쳐가지고. 그래도 손주는 이유식 같은 거 다 해먹이고 최선을 다해서 키우려고 하는데도 지쳐가지고….

실제로 많은 조부모들이 손주육아로 인해 건강상의 문제를 겪을 수 있다는 경고를 받고 있다. 다음은 전문가들이 경고하는 황혼육아로 초래될 수 있는 건강상 위협이다.

황혼육아로 초래되는 건강상 위협

- 수면장애: 밤낮을 가리지 못하는 생후 6개월 이하의 영아를 키우면 아기가 깰 때마다 따라서 일어나야 하기 때문에 수면장애를 겪기 쉽다.
- 우울증: 아이와 주변 등 한정된 곳에서 지내면서 또래와의 사회활동 부족, 정신적인 소외감을 느끼게 된다.
- 관절·허리질환: 6~7kg 이상 되는 아이를 안는 자세는 팔의 인대에 무리를 준다. 특히 허리를 구부려 아이를 들어 올리는 동작은 허리에도 무리를 준다.
- 기타: 이외에도 매일 9시간 이상 손자를 돌보는 노인의 심근경색 발병률은 다른 사람보다 55% 높은 것으로 나타나는 등 육아 스트레스는 직접적으로 노인들의 건강에 영향을 끼치는 것으로 나타났다. 한편, 일주일 중 5일을 돌본다는 노인은 50.7%, 6일을 돌본다는 노인은 29.7%,

일주일 내내 돌본다는 노인은 18.6%로 조사됐다. 노인들이 하루 중 손주를 돌보는 시간은 9~11시간이 46%, 6~9시간, 12시간 이상이 21.7%로 나타났다.

황혼양육이 조부모에게 주는 건강의 영향은 이보다 더 다양하게 나타날 수 있다. 이것은 비단 조부모뿐 아니라 자칫 아이의 안전까지도 위협할 수 있는 사안이므로 황혼육아가 가능한지 신중히 결정해야 한다.

황혼양육과 격대교육

물론 황혼양육이 이처럼 건강에 악영향만 주는 것은 아니다. 최근 영국의 연구팀은 칠레에서의 연구 결과를 바탕으로 흥미로운 결과를 내놓았다. 60대 중반 이후의 조부모들을 대상으로 조사해본 결과, 1주일에 4시간 이상의 시간을 손주와 함께 보낸다는 조부모들은 한결같이 생활만족도가 높았고, 우울증 위험도가 낮았다. 연구진은 일주일에 하루 오후를 손주들과 함께 시간을 보내는 것만으로도 노인들의 정신건강에 좋을 것이라는 권고를 내리기에 이른다. 손주들과 함께 시간을 보내는 것은 조부모들에게 책임감을 주고, 함께 숙제를 하고 놀이를 하는 과정이 노인들의 인지능력에 좋은 영향을 미치지만 반대로 전

> 가족 전체의 합의를 얻는 것은 격대교육의 큰 힘이다. 한 조부모가 아이들과 보내는 시간의 질은 시간의 길이와 반비례할 수 있다는 사실을 명심하자. 조부모의 사랑만 믿고, 아이양육에 대한 시간을 조부모에게 넘기지 말자.

적인 양육에서 오는 스트레스는 몸과 마음에 악영향을 미친다는 것이다. 그 차이는 무엇일까?

취재 중 만난 성공적인 격대교육으로 이어진 황혼육아의 경우, 조부모가 남녀를 불문하고 아이양육에 적극 참여한 경우가 많았다. 흔히 황혼육아는 할머니육아로 불리기도 하는데 육아 경험이 있는 할머니들이 많은 부담을 지기 때문이다. 하지만 이미 신체적인 조건이 달라진 노년에 육아는 부부가 함께 짊어지지 않고는 버거운 일이다. 할아버지들의 육아 참여는 손주와의 관계에 긍정적인 영향을 미치는 것도 사실이다.

할아버지: 우리 남자들은 딸하고 아들 키울 땐 애들 교육이고 뭐고…먹고사는 게… 직장 일에 너무 신경 쓰다 보니까 사실 신경을 못 썼어요. 그런데 이제 우리 손자·손녀는 키우면서 내가 직접 기저귀도 갈고 또 밥도 먹여주고 목욕도 시켜주고 하다 보니까 내가 뭐랄까, 우러나오는 정이 아들딸 키울 때보다도 더 잔정이 많이 생기더라고요.

할머니: 할아버지가 아이를 잘 돌보지는 못하는 거 같아 보여도, 다른 건 못해도 항상 안아주긴 했지. 아이가 잠투정 부릴 때, 울 때, 안아주는 건 거의 할아버지가 해줬고, 아이들 남겨놓고 할아버지랑 나랑 잠깐씩 나갈 수 있으니까 그나마 견딜 수 있었던 거 같아요.

가족 전체의 합의를 얻는 것은 격대교육의 큰 힘이다. 한 조부모가 아이들과 보내는 시간의 질은 시간의 길이와 반비례할 수 있다는 사실을 명심하자. 조부모의 사랑만 믿고, 아이양육에 대한 시간을 조부모에게 넘기지 말자. 같은 집에 살지 않는 경우는 퇴근 후 시간은 반드시 부모가 아이를 데리고 와서 자는 것이 아이(특히 영아)와 부모와의 애착형성에 좋고, 더불어 조부모의 육아 스트레스를 예방할 수 있다. 아이의 이유식을 부모가 직접 만들어 제공하는 것도 조부모의 육아시간을 조금이라도 덜 수 있는 방법이다. 특히 아이가 유치원, 학교로 진학하면 격대교육을 위해 부모와 조부모 간에 효율적인 역할 나누기가 시작되어야 한다.

육아 스트레스

조부모가 된 당신의 부모는 'NO'라고 말하는 데 익숙하지 않다. 이것은 손주에게뿐만 아니라 자녀인 아이의 부모에게도 마찬가지다.

조부모의 고민
취재중 만난 한 며느리는 시부모의 적극적인 육아 참여로 직장생활을 계속할 수 있게 된 경우였다. 그런데 양육 초기 이들에겐 조부모 양육에 대한 인식의 차이가 두드러졌다.

할머니: '해줄 수 있으면 해줘야지'라고 생각했어요. 그냥 '그래, 손주 내가 키워줄게'라고 허락하면서 일주일에 하루는 내가 못 봐준다는 이야기를 했죠. 내가 일주일에 딱 하루 빼야 된다고요. 제가 은퇴 후에 일주일에 한 번씩 봉사를 하러 가거든요. 그러니까 그날은 베이비시터를 구하거나, 대책을 구해라 했죠. 그런데 아들이랑 며느리는 이해를 못하는 거죠. 제 나름의 사회생활인데, 아들이랑 며느리가 하는 말이, '손주 봐주는 건 봉사가 아니냐, 그게 어머니 제일 중요한 봉사인데, 뭘 한다고 손주를 남의 손에 맡기느냐' 이거죠.

자식들을 위해 손주양육을 맡은 조부모라고 해서 주7일, 하루 24시간 헌신을 바라는 것은 무리다. 젊은 부모들도 이 시기 아기들을 홀로 돌보기란 신체적·정신적으로 어려움을 호소한다. 이런 힘겨운 역할을 대신해야 하는 조부모는 자신들이 상대적으로 저렴한 육아도우미가 된 것이 아닌가라는 자괴감에 빠질 수도 있다.

부모의 고민

출장이 잦은 직업을 가지고 있는 C씨는 아기가 생기자 친정집과 같은 건물로 이사했다. 처음엔 아이가 어린이집에 들어갈 때까지만이라는 조건이 있었지만, 둘째가 생기면서 그 시간은 다시 10년으로 재조정되었다. 딸의 직장생활을 적극적으로 지원한 부모님이었기에, 딸은 그런 부모님의 시간 투자를 당연시하고 있었다. 하지만 딸의 마음에 불만이 없었던 건 아니었다. 젊은 부모의 눈으로 보기에 아기의 요구에 적극적으로 응해주지 못하는 부분이 조금씩 생겨나기 시작했던 것이다.

딸: 사실 그냥 베이비시터한테 '이렇게 해주세요'라고 요청하면 하는데 엄마는 엄마니까 엄마 방식대로 하는 거에 대해서 항상 해줘야 되고 또 그게 마음이 안 들어도 당연히 엄마가 하는 대로 따라야 하는 게 있었어요. 하지만 또 베이비시터한테 전적으로 맡기기엔 세상에 흉흉한 소식도 많고, 좀 불안하기도 하고…. 제가 회사 생활을 하니까 출장을 가거나 이럴 때 갑자기 시간을 빼줄 수 있는 게 사실 저희 가족밖에 없으니까 믿을 수 있는 사람이…. 친정 엄마와 사이좋게 함께 육아하는 노하우를 배우는 데 10년 걸렸어요.

자식에게 부담이 될까, 피로누적과 육아우울증을 말하지도 못했다. 할머니만의 시간이 필요하다는 걸 이해받기 시작한 것도 얼마 되지 않았다. 휴가도 휴일도 없이 오랫동안 육아에 전념하면서 할머니의 일손을 돕기 위해 육아도우미도 구했다. 할머니가 감독을 하고, 대신 약간의 시간을 가질 수 있도록 한 것이다.

딸: 엄마가 너무 힘들어하시는 거예요, 자꾸 아프다고 하시고. 엄마한테 모든 것을 맡기는 건, 엄마도 인생이 있고 하고 싶은 게 있는데, 이건 좀

아닌 거 같다 싶었죠. 자꾸 해나가면서 저도 이제 도우미를 구해서 엄마가 잠시나마 좀 쉬실 수 있게 하고, 제가 원하는 건 엄마한테도 논리적으로 설득력 있게 말하니까 서로 간에 불만이 좀 없어지더라고요.

자식에게 부담이 갈까봐 신체적으로 무리가 가면서도 말하지 못한 채 너무나 많은 시간이 흐른 후였다. 조부모 집에서 아기가 대부분의 시간을 보내는 경우 본인의 살림과 육아, 아이 부모의 집에서 양육을 할 경우에는 자녀 집의 청소 등 살림까지도 자신의 몫이라 생각하고 부담을 지는 조부모가 많다. 아기의 건강한 육아환경을 위해서는 불가피한 일이기도 하기 때문이다.

특히 직업적인 육아도우미나, 보육시설이라면 지켜질 시간엄수도 조부모라는 이유로 불규칙한 것이 당연시되는 경우가 많다. 보육시설 등원시키기도 믿음직한 양육자가 있다는 이유로 보통 늦춰지기 마련이다. '누가 아이를 보육시설에 등원을 시키고, 하원시키는지', '간식준비는 누가 하는지' 등 직업적인 도우미를 구한다면 논의하고 상의할 세부사항들이 모두 '조부모가 알아서'라는 것으로 두루뭉술하게 정해지다 보니 오히려 서로 간에 서운한 감정이 생기기도 한다.

조부모들은 어디까지가 자기의 몫인지, 어떤 것 때문에 자녀들이 서운해 하는지 잘 알지 못한 채 마음만 상하는 경우가 많다. 인터넷이나, 매체 등을 통해 엄마들이 습득하는 신종질환, 안전 정보 등에 어두운 조부모들은 이 때문에 죄책감을 느끼기도 한다.

"감기만 걸려도 내가 뭐 데리고 나가서 감기 옮았나 싶고…. 아니 이렇게 항상 데리고 다니면 안 돼지, 집에도 혼자 못 두니까. 그래서 이제 바람도 쏘여주고 해서 한 번씩 데리고 나가서 그래서 그랬나. 양심의 가책이 들었거든요. 내가 잘못해서 애가 그렇게 됐나 싶어가지고 좀 더 청결하게 안했나, 별별 걱정이 다 들죠."

아이들의 건강, 안전 문제는 조부모가 육아를 경험한 과거와 많이 달라졌다. 신종질환도 많을뿐더러, 전염경로도 다양하다. 영유아용 카시트가 의무사항이 아닌 때에 육아를 했던 조부모의 실수가 자칫 안전 불감증으로 비칠 수도 있다. 이럴 때 정보를 제공하고, 최종 결정을 내리는 것은 언제나 부모여야 한다. "내가 아이의 부모다."라는 다짐으로 조부모에게만 어려운 일을 의지하는 마음가짐은 극복해야 한다.

부모 역할, 조부모 역할

조부모를 육아도우미로 간주하는 것은 분명 안 될 일이지만, 정확하게 경계가 정해지지 않은 육아는 조부모에게 필요 이상의 부담을 지울 수 있다. '알아서 잘'이라는 말처럼 부담스런 요구는 없다. 해결책은 간단할 수도 있다. 솔직한 대화를 통해 중요한 항목에 대한 우선순위를 정하는 것이 좋다.

예를 들어 많은 부모들은 조부모가 아이를 양육하면서 지나치게 많은 시간 동안 TV를 시청한다고 불만을 표한다. 그 시간에 교육용 완구를 가지고 아이와 놀아주면 어떨까라는 욕심을 가질 수도 있다. 하지만 외출이 자유롭지 않은 영유아 육아시절을 경험한 사람은 공감할 것이다. TV시청은 고립감을 해소하고 우울증을 예방할 수 있는 중요한 수단이라는 걸 말이다.

결국 양육 역시 선택의 연속이다. 그렇다면 아이를 위한 현명한 선택을 하면서, 조부모에게 부모로서의 요구를 정확히 알릴 수 있는 방법은 무엇일까. 아이가 어떤 돌봄을 받으면 좋을지 리스트를 먼저 만들어보자.

부모의 리스트에는 책 읽어주기, 운동시키기, 마사지 등 기나긴 리스트가 나올 수 있다. 마찬가지로 절대 용납할 수 없는 것의 리스트도 만들어보자. 아이가 인스턴트 음식 먹는 것을 참지 못할 수도 있고, 잠자리 시간이 불규칙한 것을 참지 못할 수도 있다. 이 두 가지 리스트 중 부모로서 양보할 수 없는 최우선순위 세 가지는 무엇인지 정해보자. 육아 최우선 사항이 정해졌다면, 이것이 왜 중요한지 조부모와 상의하도록 하자. 그것이 아기의 건강, 안전과 직결된 것이라면 조부모 역시 부모의 요구를 진지하게 받아들일 것이다.

2세대 3각으로
이루어지는 격대육아

　높아진 여성의 사회진출과 역사상 가장 좋은 건강과 학력을 갖춘 은퇴 세대가 맞물리면서 요즘 맞벌이 자녀의 3분의 2는 조부모 손에 맡겨진다. 그러다 아이가 크면 가족에서 조부모의 자리는 작아져만 가고 할머니 할아버지와의 추억은 기억의 저편으로 사라진다. 최근에는 70%가 넘는 중고등학생이 조부모를 가족이라고 생각하지 않는다는 충격적인 통계까지 있다.

　교육의 선결조건에 대해서 우리는 모두 알고 있다. 아이는 자신이 사랑하고, 자신에게 중요한 사람에게 애착을 형성하고, 그들을 모방하며, 그들의 평가와 가르침에 주의를 기울인다. 이 과정은 아주 자연스러운 것으로 보이지만, 사실 아이와 할머니 할아버지 사이의 관계가 가까워지게 하는 데는 중간세대인 부모의 역할이 필수적이다.

할머니 할아버지와의 관계 좁히기

영유아시절

어린 시절부터 자주 만나고, 방문해, 서로가 함께하는 시간을 늘리는 것이 가장 자연스럽고 효과적이지만 거리상의 문제로 이 과정이 늦춰지거나 뜸한 경우, 아기가 조부모를 거부하거나 친숙하게 느끼지 못할 수 있다. 할아버지 할머니는 아기와 함께 시간을 보내고 싶어도, 아이가 불안감을 떨치지 못한다면 어떻게 해야 할까?

먼저 아기가 왜 그렇게 반응하는지를 알아내야 한다. 아기가 불편한 반응을 보이는 이유는 다양하다. 조부모, 특히 양육경험이 없는 할아버지들이 아기를 안는 자세가 잘못되어 아기를 불편하게 해서일 수도 있고, 안경이나 수염 등 아기가 익숙하지 않은 외모가 문제일 수도 있다. 아이가 자신을 불편해하고, 심지어 무서워하고 울며 버둥대기까지 하는 경험은 조부모에겐 당황스러울 것이다.

먼저 아기가 편안하게 느끼는 안는 방법, 좋아하는 목소리의 특성 등을 조부모에게 알려 주자. 예를 들어 어떤 아기는 갑작스럽게 들리는 큰 목소리를 싫어한다면 좀 더 작은 목소리로 부드럽게 말하기를 권한다든가, 아기가 할아버지 할머니의 모습에조차 놀란다면 조부모와 정겹게 편안한 모습으로 말하고 있는 모습을 보여주면 된다. 아기는 부모가 우호적으로 대하는 사람은 안전하고 믿을만한 사람이란 믿음을 갖는다. 아기를 당신 품안에 안고 이야기를 나누는 것이 가장 효과적이다. 이런 단서 제공은 부모만이 할 수 있는 것이다.

또 다른 방법은 아기가 가장 좋아하는 놀이에 할아버지 할머니를 참여시키는 것이다. 이 과정은 아기가 주목하지 않는 사이에 스며들 듯 자연스럽게 이루어져야 한다. 처음에는 조부모가 멀리서 지켜보기만 하다가, 아이와의 놀이 중에 조부모에게 말을 건다. 마지막 단계로 할아버지나 할머니에게 장난감을 건네주는 모습을 보여주고, 직접 놀이에 참여하게 하는 식이다. 당신의 품속에서 아기는 낯선 사람에게 느끼는 공포를 이겨내는 방법을 배우고 동시에 조부모에게 경계를 풀 것이다.

초등학교

아이들의 방문이 명절과 특별한 가족행사에만 국한되지 않도록 할아버지 할머니와의 만남을 주선한다. 짧은 동반 여행 등을 주선하는 것도 좋다. 특히 형제가 있는 경우, 조부모와 1:1로 여행을 하는 것은 자신이 특별한 존재라는 느낌을 줄 수 있다. 아이의 관심사는 빠르게 변화한다. 조부모에게 아이가 좋아하는 활동이나, 장난감, 관심을 보이는 분야에 대한 팁을 미리 주어 준비하게 하면, 아이는 언제나 조부모 집에 방문하는 것을 기대하게 될 것이다.

장거리 격대관계

거리상 멀리 거주한다든가 건강상의 이유로 자주 만날 수 없는 조부모와의 관계를 유지시키는 것은 부모로서 번거롭고 시간이 많이 드는 일처럼 느껴진다. 하지만 첨단 통신기기의 발전으로 조금 더 쉬운 방법이 생겨나고 있다. 이제는 대중화된 웹캠이나 영상통화를 통해 아기와 할머니 할아버지가 서로의 얼굴을 익히고, 첫걸음마, 첫옹알이 등을 함께 공유해보자. 자주 조부모의 사진을 보여주고 아기에게 그들의 일화를 들려주자. 아직 모든 내용을 알아들을 나이도 아니고, 서로의 체온을 느끼고, 말없는 교감을 느끼는 것은 아쉽게도 불가능하다. 하지만 아기가 나이가 들어갈수록 익숙한 조부모의 목소리와 얼굴에 반응하고, 곧 전화를 통해서도 할아버지 할머니와 즐겁고 교훈적인 대화를 나눌 수 있게 될 것이다. 세대를 건넌 장거리 관계를 당신은 지원해줄 준비가 되어있는가?

부모는 세대 간 징검다리

격대교육은 세대 간의 사이를 돈독하게 하는 접착제 역할을 하기도 하지만, 반대로 자녀양육에 대한 의견차로 말미암아, 이제는 잠잠해진 해묵은 논쟁을 불러일으키기도 한다. 성장과정에서 부모에게 서운했던 일이 해소되기도 하지만, 때로는 감정의 불씨를 다시 키우기도 한다. 이제 성인이 되어 가정을 꾸리고 부모가 된 자녀들은, 아이의 교육이나 양육을 키우는 데 있어 자신의 방식이 지켜지지 않는 것을, 조부모가 된 부모가 자신의 의견을 무시하는 것으로 받아들일 수도 있다. 이러한 갈등은 특히 아이가 신체적 돌봄의 필요가 덜해질수록 커진다. 하지만 아이를 위해 부모와 휴전해야 할 이유는 명백하다.

3세대가 있으면 부모 세대는 조부모와 손주 세대를 이어주는 다리의 역할을 하는데, 만약 조부모와 중간 세대인 부모 세대와의 관계가 좋지 않으면, 손주들과의 좋은 관계도 기대하기 힘들다는 것입니다. 보통 손주들과 관계가 좋은 조부모를 보면, 자식들과도 관계가 좋은 것을 볼 수 있습니다. 바로 그것이 누구는 격대교육의 좋은 영향을 받고 누구는 못 받고의 차이를 만듭니다. 즉, 좋은 관계는 본인의 자녀나 손주들에게 그대로 전달된다는 것입니다.

– 글렌 에이치 엘더 주니어(Glen H. Elder, Jr.) 교수

아이들의 지적·정서적 발달에 격대교육보다 더 효과적이고, 중요한 것은 바로 가족 내에서 느끼는 안정감과 지지이다. 그런데 자

신의 양육자인 조부모와 부모가 반목한다면 손주 세대는 혼란을 느낄 수밖에 없다. 처음에는 조부모양육을 선택했으나, 오랜 세월 동안 3세대 대가족 생활을 계속하고 있다는 집들의 경우, 아이들의 성장 단계에 따라 격대교육은 더 큰 효과를 발휘한다고 믿고 있다. 그것은 중간 세대에게도 새로운 조력자가 생기는 것이기 때문이다.

"사회적으로 보면 모든 부모는 성인이죠. 하지만 사실 부모역할은 다들 처음이잖아요. 누구나 다 부모가 처음이고 초보라고요 그러니까 저희 아이가 초등학교 4학년이다, 5학년이다 이렇게 말하는 것은 그 경우를 처음 겪어보기 때문이죠. 처음이니까 누구나 다 실수할 수 있고 누구나 다 생각지도 못한 어려움을 겪을 수 있죠. 그런데 (격대육아중인) 제 입장에서는 그런 부분에 있어서 한 번 더 카운슬링을 해볼 수 있는, 내가 지금 하고 있는 게 맞나 물어볼 수 있는, 그런 조력자가 있다는 거죠."

중간세대 부모의 역할은 거듭 강조해도 지나치지 않다. 그렇다면 이제 가장 껄끄러운 질문을 던질 때다. 내가 부모와 사이가 좋지 않은데, 아직도 과거 부모와의 마찰이 남아있는데도 불구하고 내 부모와 내 아이가 만나는 모습을 보아야 하는 것인가 하는 점이다. 결정은 당신의 몫이다.

만약 할아버지 할머니 중 한명이라도 아이의 주변에 있는 것이 아이의 안전을 해할 것이라는 가능성이 있다면 대답은 자명할 것이다. 하지만 단지 과거 부모로서의 지나친 엄격함 때문이었다면 한 번쯤 노화가 가져온 변화에 기대를 걸어보자. 실제로 취재 중 만난 부모들은 자신의 부모가 손주를 대하는 모습이, 자신이 기억하던 젊은 시절의 부모와 달라서 놀랐다고 말한다. 조부모들도 자신의 변화를 알고 있다. 여기 한 할아버지의 고백을 들어보자.

"젊었을 때는 내 일도 있고, 바쁘니까요. 아이들과 함께 할 시간도 거의 없었지만 가끔 보더라도 내가 정해놓은 규범 안에서만 움직여야 한다고 생각했어요. 그걸 넘어서는 걸 보지 못했죠. 그래서 솔직히 아직도 서먹서먹한 부분이 많아요. 내 반대 때문에 아이가 전공을 선택할 때 방황도 많이 했었고…. 지금 손주를 보면 '내 자식을 키울 때 이렇게 했더라면 우리 부자 관계가 어떻게 바뀌었을까' 하는 생각도 들어요. 물론 지금 내가 손주를 사랑하는 모습을 보면서 아들도 나를 대하는 태도가 많이 바뀌기도 했고요. 더 좋아지겠죠."

조부모들은 손주에게 사랑을 베푸는 시간을 자신에게 주어진 두 번째 기회로 받아들이고 있었다. 인생 후반부에 깨달은 사랑은 세대를 건너뛰어 흐르면서도 자식 세대까지 어루만지고 있다.

> **조부모를 방어적으로 만드는 화법**
> "엄마 (아빠)는 내가 어렸을 때도 항상 그랬어요.", "엄마 (아빠)가 그렇게 할 때 진짜 싫었어요." 등 유년시절의 해묵은 감정을 드러내지 말자. 조부모의 양육방법 중 마음에 들지 않는 것이 있다면 차분하게, 논리적으로(연구 자료나 기사 제시 등) 설득하자. 마찰이 발생하기 전에 최신 트렌드의 육아서나, 육아프로그램을 함께 보는 것도 도움이 된다.

격대육아로 성장한 아이들

　15살의 나이에 서울대에 합격하고, 현재 미국 스탠포드 대학에서 박사과정을 밟고 있는 한혜민 씨와 얼마 전 만 10살의 나이에 대입검정고시에 합격한 유승원 군은 격대교육을 경험했다. 두 사람의 부모는 이러한 일을 예측했을까? 격대교육은 뜻하지 않은 기적을 가져오기도 한다. 두 사람의 부모가 격대교육을 택하게 된 이유는 다른 사람들과 크게 다르지 않았다. 당시에는 교육이라는 생각도 하지 않았다. 그저 조부모라면 맞벌이 부모를 대신해 정성어린 양육을 해줄 거라는 믿음에서 시작한 선택이었다. 그런데 다른 아이들보다 조금 더 오래 조부모의 품안에 머물렀던 아이들은 다른 모습을 보였다. 두 사람의 기록은 눈으로 좇기에도 숨차다.

2세대 3각 역할분담 황금률

최연소 기록 갱신의 두 사람

유승원 군이 검정고시 최연소기록을 갱신한 것은 지난 2012년의 일이다. 초등학교 4학년 1학기를 마친 후, 만 9세에 중입검정고시, 3개월 후 고입검정고시, 그리고 8개월 만에 고졸검정고시를 합격했다. 이 모든 과정을 끝낸 승원이의 나이는 만 10세, 동급생들이 초등학교 6학년에 올라간 시점이었다.

1985년생인 한혜민 씨는 초등학교를 졸업하던 해인 1997년 고교 입학 검정고시에 응시, 부산지역 최연소, 최고득점으로 합격했다. 3년간의 고교생활을 마치고 서울대에 합격했을 때, 혜민 씨의 나이는 만 15세에 불과했다. 화제의 서울대 합격자는 2005년 화제의 졸업자로 다시 한 번 신문지상을 장식했다.

3~5년의 정규 교육과정을 독학으로, 그것도 불과 수개월 만에 뛰어넘은 비범한 능력을 보여준 두 사람, 하지만 흔히 생각하는 영재나 천재와는 거리가 멀었다. 실제로 한혜민 씨가 대학입학 직전 측정한 IQ(지능지수)는 111로 평균치였고, 초등학교에 다닐 때도 두각을 나타낼 정도는 아니었다고 했다.

한혜민: 초등학교 때 학업성적도 평범하고, 졸업반 때 반에서 한 5등 정도 했나? 전교에서 5등도 아니었고요. 소위 말해서 공부 좀 한다 하는 친구들하고 비교해보면 상대가 될 정도는 아니었죠. 제가 컴퓨터를 좋

아했거든요. '빨리 컴퓨터 배워야겠다.'라는 생각이 가득했어요. 중학교 같은 경우는 일반적인 교육과정으로 배우는 거잖아요. 그러면 컴퓨터 공부하는 데 전념하기 힘들다는 거죠. 빨리 중학교 과정 마치고 고등학교 가면 컴퓨터 공부에 전념할 수 있으니까 빨리 고등학교에 가서 컴퓨터를 배우자! 그런 계기였죠.

유승원 군의 경우는 어떨까. 초등학교 4학년 1학기를 마치고 중퇴하기까지 중위권 정도의 성적이었던 승원이는 어렸을 때부터 엄마의 걱정을 사곤 했다.

승원이 엄마: 옆으로 지나가면서도 툭 치고, 안으면 목을 물고, 좀 산만하다고 해야 하나. 참 엄마입장에선 돌보기 힘든 아이였어요. 그땐 저도 맞벌이로 너무 바빴으니까 신경도 쓰지 못했고…. 학교를 중퇴하기 전까지도 학교 숙제는 했는지, 좀 강하게 밀어붙이고 그래야 됐거든요.

"할아버지가 지금의 저를 만드셨어요"

하지만 우리가 도서관에서 목격한 승원이의 집중력은 놀라웠다. 승원이 나이에 집중력 지속시간은 40분 정도로 알려져 있다. 초등학교 수업이 40분에 맞춰져 있는 것도 그 이유이다. 승원이의 집중시간도 30분에서 40분을 넘지 않았다. 그런데 놀라운 것은 그 시간 동안, 단 하나의 수학 문제에 집중하고 있었다는 사실이다. 얼굴이 발갛게 상기될 때까지 열중하며 기어코 답을 찾아내고서야 자리에서 일어서는 승원이는 얼마나 시간이 지났는지 의식하지 못하는 듯했다.

유승원: '공부를 몇 시간 해야겠다' 그런 식으로 시간을 정해놓지는 않아요. 대신 '몇 문제를 풀자' 이렇게 정해놓는 거죠. 지금 푼 문제는 특별히 어렵다고 생각하지 않았는데…. 여태까지 어렵다고 생각한 적은 별로 없어요. 수학은 원리를 이해하면 재밌어요.

만 10세인 승원이가 치룬 검정고시는 국어, 영어, 수학, 과학, 사회, 국사 등의 필수과목으로 이뤄져 있다. 시·도마다 편차가 있지만 평균 50~60%만 합격하는, 쉽지 않은 시험이다. 중입검정고시, 고입검정고시, 고졸검정고시, 3차례의 시험을 준비한 기간은 한 시험당 평균 4~5개월에 불과했다. 초중고, 8년 교과과정을 이렇게 짧은 시간 안에 끝낼 수 있었던 저력은 어디서 온 것일까.

유승원: 제가 중고등학교 검정고시를 통과했다고 해서, 교과과정을 모두 이해했다고 생각하진 않아요. 중학교를 가도 제가 아직 모르는 게 있을 거구요. 고등학교를 가도 제가 모르는 게 있겠죠. 모든 걸 다 안다는 생각은 없어요. 하지만 검정고시는 다르죠. 나보다 나이가 많기는 하지만 남들도 하잖아요. '남들이 하는 거 나라고 왜 못해.' 그런 자신감은

있어요. 전 성적이 잘 안 나올 때도, 학교 성적 때문에 위축되거나 자신감을 잃거나 그러진 않았어요.

한혜민 씨, 유승원 군. 두 명 모두 사교육이나 시설에서의 특별한 조기 교육과는 거리가 멀었다. 또래들과 유치원을 다니긴 했지만, 취학 직전 일 년뿐이었다. 학습능력과 직결된 것으로 여겨지는 지능지수도 평균 정도의 학생들이었다.

하지만 이들은 불과 만 10세의 나이에 자신의 학습능력에 대해 남다른 자신감을 가지고 있었으며, 짧은 시간에 학업적 성취를 이룰 수 있을 만큼 강력한 집중력을 가지고 있었다. 이들이 말하는 비결은 할아버지 할머니로부터 받은 격대교육이었다. 과연 그들은 어떤 격대교육을 받았다는 것일까?

먼저 현재 스탠포드대학 박사과정에 재학 중인 한혜민 씨의 경우를 들어보자. 혜민 씨에게 할아버지 할머니는 양육자인 동시에 인생 첫 번째로 만난 교육자이기도 했다.

할아버지의 완행 교육이 최고의 선행학습

학교에 들어가서 배운다, 취학 1년 전쯤 유치원이나 어린이집에서 배운다, 저절로 깨치게 둔다 등 한글학습에 대한 주장은 여럿 있다. 그런데 한글은 가르쳐야 하는 것이고, 만 3세도 한글교육을 하는 데 이르지 않다는 인식이 생기기 시작한 것은 지난 1991년 즈음부터이다. 맞벌이 부부의 증가와 교육열을 겨냥해 교육용 프로그램이 시중에 선보이면서 함께 급성장한 이러한 인식은 이제 만 3세~5세 사이에 한글을 '체계적'으로 배워야 한다는 조바심을 부추긴다.

현재 시중에 나와 있는 한글교재는 어휘를 반복적으로 제시하는 통문자 교육과 자모음체계를 바탕으로 한 낱글자교육(음운교육)으로 나눠진다. 어느 것을 먼저 시작해야 하느냐, 더 나아가 과연 조기 한글 교육이 과연 바람직한가는 아직까지도 의견이 분분하다. 다만 최근 출시된 한글교육 교재를 살펴보면 주로 문자를 이미지로 기억하게 하는 통글자 학습을 먼저 하고 모음과 자음을 분리한 낱글자를 학습시키는 방향으로 구성되어 있다. 이러한 단계로 진행하면 글을 읽을 수 있다는 자신감으로 아이가 흥미를 잃지 않고 공부를 계속할 수 있다는 것이다.

혜민 씨 할아버지의 살아있는 교육

한혜민 씨는 서울대학교 최연소 입학, 졸업 후, 현재 스탠포드대학 박사과정 재학중이다. 혜민 씨에겐 책상머리에 앉아 어떤 교재를 가지고 한글을 배운 기억이 없다. 그런데 한글을 일찍 떼고, 이미 유치원에 다니는 동안 초등학생용 백과사전까지 섭렵했다고 한다. 또한 모든 한글교재가 표방하는 글자에 대한 흥미를 잃지 않았고 끊임없이 질문했으며 그 사이에 저절로 원리를 깨쳤다는 것이다. 글자가 눈에 들어온 계기는 할아버지와 함께 하던 특별할 것 없는 평범한 일상, 평범한 동네에서 시작했다. 만 3세 정도의 기억이다.

한혜민: 목욕탕이 특이하게 생겼잖아요. 굴뚝이 솟아있으니까, 저게 뭐냐고 할아버지한테 물어보면, 저거는 목욕탕이다, 'ㅁ-ㅗ-ㄱ'이라고 설명해주셨어요. 똑같은 걸 백번을 물어봤던 거 같아요. 할아버지랑 손을 잡고 가다보면 뭔가 규칙적인 게 보이는 거죠. 꼬불꼬불하게 생긴 규칙적인 게 보이니깐 물어보게 된 거죠. 이게 뭐에요. 저게 뭐에요. 그러면서 글자라는 거를 처음 듣게 됐어요.

할아버지의 손을 놓으면 어디도 갈 수 없는 어린 손자가 글자에 대한 호기심을 보이자 할아버지는 열심히 충족시켜주었다. 높이 솟은 굴뚝에 적힌 '목욕탕'이라는 문자를 보기 위해 할아버지는 혜민 씨와 버스를 타고 다른 동네 목욕탕을 찾아 시내를 돌기도 했다. 굳이 따지자면 혜민 씨는 '목욕탕'이라는 통문자를 그림처럼 이미지로 인식하는 것으로 글자 공부를 시작한 셈이다. 책 몇 번 읽어주었더니 저절로 한글을 깨쳤다는 영재와 같은 경우는 아니었다. 모음과 자음을 결합시키는 방법도 자연스럽게 끼어들기 시작했다.

한혜민: 차 번호판 같은 것도 보면 다 한글 교재고 숫자 교재 아니겠어

요? 부산은 부산이다. 앞에 가, 나, 이런 식으로 표시되어 있으니까. 고는 고다. 가는 가다. 이렇게 가르쳐주셨던 거죠.

당시 번호판에는 차량 등록지명 외에도 가~마, 거~머, 고~모, 구~무 20개의 글자를 포함 바, 사, 아, 자, 허까지 다양한 글자들이 등장해 있었다. 아이의 호기심을 할아버지는 단 한순간도 지나치지 않았다. 셀 수 없을 만큼 반복되던 아이의 질문에 얼마나 답했던 것일까. 그림 같기만 했던 한글을 혜민 씨가 모두 분간할 수 있을 때까지 공부라는 생각을 해본적은 없었다. 산수의 기초도 마찬가지였다. 집안의 바둑알, 성냥개비로 덧셈, 뺄셈을 배운 기억은 아직도 생생하다. 할아버지와 함께 보낸 시간은 어떤 영재교육보다 재밌는 시간이었다.

한혜민: 숫자교재, 한글교재 그런 거 하나도 없었어요. 어디든 책이고 교실인 거죠. 이 세상에 번호판부터 시작해서 굴뚝, 사소한 민들레 씨앗 퍼지는 거까지 다 교재가 아닌 게 없었습니다. 그거를 잘 포착하셨던 거죠.

초등학교 졸업 학력이 전부였던 할아버지는 손주에게 맞춤한 한국어, 숫자 교육이 무엇인지, 주도면밀한 학습 계획에 맞춰나갔던 아니었다. 유치원에 들어가 정식 교육을 받기 전에 이미 한글을 읽을 수 있었던 것은 기억할 수 없을 만큼 수많은 반복 때문이었다.

한혜민: 아마 거의 지쳐 나가떨어지실 정도로 물어봤을 텐데 지금 생각하면 정말 인내심과 끈기가 대단하셨던 거 같아요. 할아버지를 떠올려 보면, 반복적으로 물어보는데도, 똑같은 거 물어보는데도, 계속 저거는 뭐고, 가르쳐주셨어요. 할아버지랑 같이 접한 만물이 교재고, 세상이 교실이었죠.

어느 순간, 혜민 씨가 글을 읽고 숫자를 읽는 것을 보고 혜민 씨 부모는 크게 놀랐다. 그것도 할아버지로부터 자연스럽게 배운 것이라니 더욱 놀랄 수밖에 없었다.

한혜민 아버지: 제가 볼 때는 그냥 자연스럽게 가까이 두고 뭐 별도로 가르치시는지도 몰랐어요. 그냥 항상 뭐라고 그럴까… 애가 호기심이 많잖습니까. 그런데 이제 횟수가 넘어가면 저도 짜증을 냈거든요. 그런데 애 할아버지는 호기심에 대해서 한 번도 거절하지 않고 모든 걸 다 대답해주시더군요.

덕분에 혜민 씨는 다른 아이들보다 조금 더 일찍 책을 잡을 수 있었다고 기억한다. 역사로, 과학으로 손주의 관심사가 뻗어나갔고 할아버지가 대답해주지 못하는 일들도 늘어났다. 질문을 묵살하는 대신 할아버지는 혜민 씨의 부모와 상의해 백과사전을 안겨줬다. 궁금한 것은 함께 찾아보자는 말과 함께였다. 덕분에 혜민 씨는 유치원 때부터 백과사전에 관심을 가졌고, 초등학교에 입학할 무렵엔 이미 백과사전 두질을 독파할 정도였다. 아이의 호기심을 일대일로 대응해준 할아버지의 교육은 어떤 사설 조기교육기관보다 빠른 효과를 보였다.

멈추지 않는 호기심과 독서열은 그러나 혜민 씨가 초등학교에 다니던 당시만 해도 학교 성적에는 큰 도움이 되지 않았다. 혜민 씨가 아는 지식이 또래에 비해 너무 앞서 있었고, 교과서에서 나오는 수준보다 높은 어휘수준 때문에 오답치리기 되곤 했기 때문이다. 서술형 문제가 출제되거나 창의성을 중요하게 생각하던 시기도 아니었다. 당시 혜민 씨의 부모는 처음으로 아이가 평범하지 않다는 것을 알고 고민할 수밖에 없었다.

한혜민 아버지: 초등학교 때 시험을 보면 많이 틀려가지고 와요. 그런데 혜민이한테 뭐라고 할 수가 없죠. 초등학교 1학년 때부터 교과서에서 배운 거하고, 애가 책을 읽으면서 나름 가진 지식하고 괴리가 생기더군요. 예를 들면 물건을 파는 사람은 교과서엔 주인, 물건을 사는 사람은 손님이라고 나와 있지만 혜민이 입장에선 공급자, 수요자인 거죠. 학교 교육에선 그건 오답으로 처리되거든요. 초등학교 6년은 어떻게 지나왔지만 혜민이가 원하는 공부 욕구를 과연 중학교 틀 안에서 채워줄 수 있을까 하는 고민이 들었던 거죠.

또래보다 너무 앞서갔던 아이, 1학년부터 시작된 차이는 6학년 졸업 무렵이 되자 더욱 크게 벌어졌다. 학교교과목이 너무 쉽다보니, 혜민 씨는 컴퓨터로 관심을 돌렸다. 학업에는 관심이 떨어진 상황이었다.

혜민 씨가 겪은 학교생활 적응의 어려움은 조기교육이나, 선행학습의 부작용을 겪는 아이들과 유사해 보인다. 전문가들이 말하는 선행학습의 단점은 크게 두 가지다. 첫 번째는 아이의 학습수준과 능력을 벗어나는 **빠른** 진도는 아이가 소화할 수 있는 것이 아니라는 것이고, 두 번째는 일방적인 주입과 반복은 아이가 문제해결을 해냄으로써 느끼는 자존감 향상을 막아 학습의욕을 저해한다는 것이다.

하지만 혜민 씨의 경우, 이 두 가지 모두 해당되지 않았다. 할아버지와 함께한 학습은 학교 수업 진도로는 가능하지 않을 만큼 느리게 진행되었고, 일방적인 주입이란 없었다. 할아버지는 아이의 호기심에 모두 대답할 수 있는 만물박사가 아니었다. 대신 할아버지가 택한 방법은 아이와 함께 팔을 걷어붙이는 것이었다. 취학 전, 아직 말도 사고도 여물지 않은 아이의 호기심 하나도 할아버지는 묵살하지 않았다.

한혜민: 일례로 학습대백과에 식물의 일생이라는 챕터가 있어요. 그러면 할아버지랑 저는 같이 직접 씨를 파종하고, 박을 키워서, 거둬서, 잘라 살펴보고, 안에 파내보는 거죠. 수세미도 직접 키워서 관찰했죠. 한

계절이 걸리는 일이에요. 그걸 하신 거죠. 저를 그냥 집에 앉혀놓고 뭘 가르치신 적이 없어요. 집에 가만히 틀어박혀서 책만 본 게 아니었어요. 책을 읽다가 논개 이야기에 관심을 보이면 유치원생인 저를 데리고 시외버스를 타고 진주까지 가셨어요. 진주 남강에 있는 촉석루 이런 데까지 함께 올라가셔서 '자 이게 촉석루다. 임진왜란 때 논개가 왜장을 안고 뛰어내렸다는 얘기의 무대다.' 알려주셨죠. 지금 생각하면 저희 살던 부산에서 진주까지 100킬로미터 넘거든요. 그걸 어떻게 하셨을까 싶어요.

할아버지표 선행학습의 효과는 혜민 씨가 중학교 진학을 포기하고, 검정고시 준비를 결정한 이후에 확연하게 드러났다. 혜민 씨 본인도 놀란 효과였다. 초등학교 때 배운 적이 없는 영어, 수학 같은 과목은 따로 시간을 내어 공부를 해야 했지만, 할아버지와 함께 백과사전을 뒤지며 쌓은 과학, 역사, 사회 부분은 이미 중학교 교과서 수준을 뛰어넘어 있어서 공부를 할 필요가 없었다는 것이다. 혜민 씨가 독학으로 치른 중학교 졸업 검정고시 결과는 95.5점! 당시 최연소일 뿐 아니라 최고득점 기록이었다. 그는 이후 또래보다 일찍 진학한 고등학교에서도 3년 내내 전교 일등을 놓치지 않았다.

격대 간 학습의 장점

여기 소개한 선행학습은 부모 세대라도 충분히 벤치마킹할 수 있을 것처럼 보인다. 아이에게 24시간 몰두할 수 있는 여건만 된다면 얼마든지 실행할 수 있다 자신하는 부모도 있을 것이다. 특히나 조부모 세대보다 교육수준이 높고, 양육, 지침, 교육서를 섭렵한 의욕에 찬 부모 세대는 좀 더 효율적인 교육방법을 고안해낼 수 있을 것이다.

그런데 할아버지 할머니와 손주, 격대가 함께할 때 학습효과가 더 커지는 이유는 단순히 함께 보내는 시간의 절대량에만 있지 않았다. 혜민 씨도 나중이 되어서야 느꼈다는 할아버지와 부모의 차이가 있었다. 그리고 혜민 씨의 부모는 세대 간의 다른 교육관의 장점만을 흡수하도록 혜민 씨 양육에 조부모의 자리 마련을 적극적으로 도왔다.

조부모가 만들어준 터닝 포인트

다시 한 번 혜민 씨가 검정고시를 결정하던 시기로 돌아가 보자. 초등학교를 갓 졸업한 어린 혜민 씨에게 검정고시를 처음 권한 것은 부모님이었다. 요사이 자조적으로 쓰이는 말 '조부모의 재력, 아버지의 무관심, 엄마의 정보력이 아이의 학력을 결정한다'는 말은 혜민 씨에겐 전혀 해당되지 않는 말이었다.

부모와 함께 한 2세대 3각 교육

교육에 대해 학부모로서 고민이 많았던 혜민 씨의 부모는 어린 시절부터 남달랐던 아들에 대한 관심을 거두지 않았다. 조부모가 미치는 긍정적인 영향을 양분 삼아 흡수하는 모습을 관찰하면서 지적인 성장을 어떻게 도와줄 수 있을까를 궁리했고 그 방법을 찾은 것이다. 조부모는 재력 대신 부모 세대가 아직 어린 혜민 씨를 위해 내린 결정을 전적으로 지지해줬다. 남다른 길을 택한 어린 손자가 갈망하던 것은 조부모 품이었다. 그곳에는 어디에서도 찾을 수 없는 정서적 안정감이 있었다.

검정고시를 보겠다고 결심을 굳히자마자 혜민씨가 한 일은 할아버지, 할머니의 집으로 짐을 옮긴 것이었다. 교육수준으로 봐도(당시 혜민씨의 모친은 오랫동안 교편을 잡고 계셨다), 정보 수집력으로 따져도 부모님이 훨씬 월등했다. 하지만 만 10세였던 혜민 씨는 검정고시라는, 인생에서 처음 찾아온 불확실한 도전에 본능적으로 반응했다.

한혜민: 그냥 할아버지 할머니는 따뜻한 기억이 있는 거죠. 얼마나 정성스럽게 잠자리 같은 거 펴주셨는지… 그 기억이 아직도 생생히 남아 있으니까요. 제가 제 발로 걸어들어간 거죠. 지금도 할아버지 할머니 얘기를 떠올리면 따뜻하다, 포근하다는 느낌이 먼저 들어요. 그러니까제 방 놔두고 할아버지 할머니 방에 가서 자려고 안했겠어요?

돌아보면 혜민 씨가 어린 마음에도 표현하지 못했던 한 가지 걱정이 있었다. 혹시나 검정고시에 실패하면 또래보다 오히려 늦어지는 것 아닐까 하는 고민이었다. 초등학교 시절 혜민 씨는 월등한 학업성적을 보인 것은 아니었다. 학과공부에 흥미를 잃으면서 공부하는 습관도 제대로 잡혀있지 않은 상황이었다. 그 불안감을 잠재울 수 있는 사람은 학습이론에 휜한 부모님이 아니라, 한결같이 자신을 믿어주는 할아버지 할머니라는 것을 느낀 것이다.

한혜민: 검정고시를 준비할 때도 제 학습 진도 체크는 부모님이 아니라 할아버지가 해주셨어요. 문제 풀이 같은 게 있으면 옆에서 전문적으로 답변은 못해주시더라도 진도 잘 나가고 있나 가끔 물어보시는 식으로… 그에 비하면 어머니 아버지는 엄격하신 면이 있어요. 저희 부모님은 그나마 그런 게 적은 분이셨는데도 저에게 '절대 실패하면 안 된다, 이 험한 세상에서 '실패하면 안 된다, 어디 가서 지면 안 된다'는 염려를 내비치셨죠. 그런데 할아버지 할머니는 제가 하고 싶은 것이 있다고 하면 항상 응원을 해주셨어요.

부모님은 자식의 인생이 달려있는 문제에 초연할 수 없었고, 그 조바심이 혜민 씨에게도 전달됐다는 것이다. 자칫 움츠러들 수 있었던 그를 붙잡아준 것은 할아버지 할머니였다. 할아버지와 할머니의 무조건적인 믿음과 지지 속에 혜민 씨가 배운 것은 자신의 학습능력에 대한 자신감이었다. 그는 그 자신감이 한 번에 키워진 것이 아니라고 기억한다.

> **한혜민:** 어떤 것이 좋고 어떤 것이 나쁜 게 아니라 부모님의 교육과 할아버지 할머니의 교육은 성격이 다른 거 같아요. 저희 부모님은 바쁘셨으니까…. 어렸을 때 제가 뭔가를 반복해서 물으면 핀잔을 좀 하셨어요. 물었던 거 잊어버리고 또 묻느냐고 반복해서 질문하는 걸 싫어하셨어요. 하지만 할아버지는 가르쳐준 걸 제가 잘하면 칭찬해주시고, 잘못해도 실망하시는 법이 없었어요. 그냥 제가 제대로 맞출 때까지 계속 가르쳐주시고, 거듭해서 질문해도 계속 가르쳐주시고… 정말 끈기가 대단하셨던 거죠. 제가 이룬 것이 모두 할아버지 할머니 덕분이라고 하면 서운해 하시는 분들이 있겠죠. 저는 부모님을 비롯해 많은 분들의 사랑을 받았으니까요. 하지만 거꾸로 '할아버지 할머니가 안 계셨다면 지금의 제가 있을까?'라고 자문해보면 그건 불가능할 거라고 생각합니다. 공부라는 게 스스로가 질문을 찾고 스스로 탐구하는 과정이니까요. 저는 할아버지와 할머니를 통해 그 습관을 기른 거죠. 그게 가장 중요한 큰 힘의 원천이었습니다.

할아버지가 혜민 씨에게 한글, 숫자를 가르치는 교육자였던 기간은 불과 2년, 하지만 그 영향은 아직도 지속되고 있다. 조부모와 함께하면서 얻은 자신감은 그를 최연소, 최고득점 검정고시라는 남다른 학업성취의 궤도에 올려놓았다. 이후 최연소 서울대학교 입학, 졸업이라는 기록을 연달아 세웠다. 부모가 기대했던 것 이상의 결과였다.

한혜민 아버지: 부모가 바쁘다거나, 학교 공부와 관련이 없다는 이유로 애가 원하는 만큼 그 호기심을 충족시켜주지 못했을 때 아이는 좌절을 느끼지 않았을까 싶어요. 그 호기심을 학업으로 발전시킬 수도 없었을 거고요. 애초에 아이가 성취감을 맛보는 계기를 잘라버리는 것이 아닌가 하는 생각이 들어요.

오롯이 자신의 힘으로 이뤄낸 학업성취를 맛보는 계기는 아이의 능력을 기적적으로 증폭시키기도 한다. 한혜민 씨의 조부모처럼 직접 한글과 숫자를 가르쳤던 것이 아니더라도 아이들이 기억하는 격대교육의 영향력은 남아있었다. 그것은 부모와는 다른 기준과 시간표를 가진 조부모의 평가 때문이었다.

할머니의 품에서 늦게 트인 아이

경기도에 있는 한 초등학교 4학년을 끝으로 승원이의 학적부는 기록이 멈춰 있다. 하지만 그 후 불과 1년 만에 승원이는 고등학교 졸업 검정고시에 최연소 기록을 세우며 신문지상을 장식했다. 4년이라는 짧은 정규 교육 기록 중에도 승원이는 한 차례 전학을 한 적이 있었다. 유치원에서 초등학교 1학년은 외조부모집에 맡겨져 충북 시골 마을에서 다녔기 때문이다. 직장생활을 하는 딸의 집을 드나들며 젖먹이 시절부터 손주에게 흠뻑 정이 들었던 할머니가 먼저 제안한 일이었다.

당시 직장생활과 육아에 지쳐 있었던 엄마는 지금도 승원이에게 미안한 점이 많다. 아기 때부터 산만했던 승원이의 버릇을 빨리 고쳐야 한다는 생각에 엄하게 대하곤 했다는 것이다. 스스로 현대도시의 전형적인 맞벌이 부부라고 인정하는 승원이 부모는 곁에 오래 있어주지 못한 아이에게 항상 미안했다. 그래서 편식이나 잘못된 생활습관에 눈살을 찌푸리면서도 안쓰러운 마음에 그냥 넘길 수밖에 없었다.

유승원 엄마: 당시는 제가 너무 바빠서요. 잘 키울 자신이 없었어요. 퇴근하고도 잘 돌볼 수가 없었고…. 그래서 엄마인 내가 이럴 바에야 차라리 시골 할머니 댁에서 유치원도 다니고 하는 게 낫겠다 싶었죠. 솔직히 말하면 걱정은 됐죠. 이래도 되나 걱정은 되는데…. 그런데 지금 아이한테 저희 엄마만큼 그렇게 느긋하게 내 아이를 봐줄 여유가 없다는 걸 느꼈거든요.

유치원을 마칠 무렵, 승원이가 스스로 시골에서 초등학교 1년을 다니겠다고 결정했을 때는 시골 조부모의 집에 잘 적응하고 있는 것 같아 안도하기도 했다. 대신 조기교육이나 학업성적에 대해선 기대하지 말자는 다짐을 했다고 한다.

유승원 엄마: 도시에 또래 아이를 둔 주변 엄마들도 고민이 많아요. 아이들은 시골에서 자연을 벗 삼아 그렇게 커야 한다는 건 우리도 아는데, 그렇게 보낼 용기가 없다. 그런데도 저는 보냈거든요. 농사일도 해야 해서 아이 숙제도 제대로 챙겨주지 못할 거라 했어도 걱정 마시라고 할 정도로 제가 아이 공부에선 포기를 했죠.

그렇게 1학년이 지나갈 무렵, 밤늦게 울린 친정엄마의 전화는 승원이 엄마의 가슴을 철렁하게 했다. 승원이가 학교공부를 따라가지 못하는 거 같은데 배우지 못한 할머니 탓이 아니냐며 자책하는 전화였다. 학생 수도 점점 줄어가는 시골학교에서도 학업성적에 대한 압박은 있었다.

유승원 할머니: 이웃에서 다 한 마디씩 하더라고요. 아이를 일부러 서울로 보내는데, 이렇게 아무것도 안 가르치고 있어서 어떻게 할 거냐고, 그러다 아이 바보 된다고. 아이가 공부를 못해도 제가 가르쳐줄 수가 없잖아요. 내가 하나도 안 가르쳐주니 어느 날은 정말 다 틀려오고… 겁

이 덜컥 나더라고요. 그래도 한편으로는 내가 가르쳐줄 능력이 안 되고, 가르쳐준 적도 없는데 그만큼이나 맞았으면 잘한 거라고 생각했죠. 나는 배운 것도 없고, 그저 아이가 원하는 걸 해줬을 뿐이거든요. 공부하라는 말을 할 수가 없죠. 농사짓고 있으면 그거 돕겠다고 옆에 와 있는데, 뭐 그게 도움이 안 되고 손만 가도 그저 기특하기만 한 걸요. 아이 앞에선 그냥 잘했다고 할 수밖에요.

그런 할머니에게도 주변 사람들의 말은 비수처럼 다가왔다. 도회지에 사는 손자, 손녀와 비교하며, '아이가 늦다, 요즘 세상에 한글도 떼지 않고 학교를 보내면 어떻게 하느냐, 초등학교 4학년이면 미래의 대학이 결정된다' 등 주변의 입방아가 끊이질 않았다. 학교에 들어가 받아온 받아쓰기 성적표는 마치 할머니가 받아든 성적표 같이 느껴졌다.

같은 점수, 다른 반응

결국 승원이는 초등학교 2학년 때부터 경기도로 전학, 부모와 함께 살게 됐다. 할머니의 밤잠을 설치게 하던 걱정은 까맣게 모른 채였다. 무심결에라도 학업성적으로 할머니에게서 야단을 맞아본 적이 없기 때문이다.

유승원: 할머니 나 시험 봤다고 보여드리면 좋아하시더라고요. 잘했다.

10개 중에 4개나 맞았구나. 내가 가르쳐준 것도 아니고 혼자 공부했는데도 이 정도면, 더 열심히 하면 더 잘하겠구나. 그래서 전 정말 제가 잘한 줄 알았어요.

자신이 공부를 잘하는 학생이 아니라는 것을 안 것은 시험 성적을 엄마에게 보여줬을 때부터라고 했다.

유승원: 엄마를 만나 자랑을 했죠. 엄마 나 10문제에서 4개나 맞았다. 그런데 곧장 꿀밤을 때리시더라고요. 6개나 틀렸니 하면서요. 이상했죠. 왜 엄마는 할머니랑 다를까? 할머니는 4개나 맞았다고 칭찬하시던데…. 제가 시험본 걸 자랑하면 엄마는 좀 날 창피해 했달까? 뭐 어이가 없다는 표정을 지으시더라고요.

할머니와 엄마의 상반된 반응이었다. 승원이가 힘든 과제를 풀 때마다 기억하는 것은 할머니의 반응이었다고 했다. '나는 혼자서 이만큼 해낼 수 있는 아이다'라는 자신감이 있었다는 것이다.

평범한 성적이었던 승원이가 학교를 그만두고 검정고시를 보겠다는 결정을 내린 것은 커다란 모험이었다. 학교성적과 무관하게 자신의 학습능력이 남들에게 뒤지지 않는다는 자신감 하나로 밀어붙인 일이었다. 늦돼서 부모를 걱정하게 했던 승원이는 어린 나이에 검정고시를 준비하면서도 학원을 다니지 않고, 독학을 고집했다고 한다. 조기교육, 선행교육보다 더 효과적이었던 것은 바로 자신에 대한 믿음이라는 것이다.

유승원: 저는 할머니가 어린 시절 저와 많은 시간을 보내주신 걸 다행이라고 생각해요. 제가 나쁜 성적을 받아올 때마다 엄마가 야단을 쳤다면, 전 아마 자신감을 잃었을 거예요. 사실 그땐 공부에 관심이 없었거든요. 그런데 그래도 그런 마음은 있었어요. 열심히 하면 남들보다 잘할 수 있어. 할머니는 항상 그렇게 자신감을 심어주셨거든요.

늦된 아이 승원이에 대한 걱정은 엄마나 할머니나 비슷했다. 하지만 승원이를 대하는 할머니와 엄마의 반응이 달랐을 뿐이다. 과연 이런 차이는 왜 생기는 것일까.

할머니의 느린 시간표

여느 부모처럼 승원이 엄마도 자신이 아이를 가장 잘 알고 있다고 생각했다. 그런 엄마의 시선에서 승원이는 평균보다 뒤처지는 아이였다. 아이와의 대화는 남들과의 비교로 끝나기가 일쑤였다고 한다. 아이가 커간다고 해서 부모가 양육과 교육에 익숙해지는 것은 아니다. 뒤집기, 걷기, 말하기, 배변훈련 등 육아과정에서 성장기 아이가 하는 모든 과제는 부모들에게 새로운 것일 수밖에 없다.

기다림이 아이를 춤추게 한다

그런데 조부모의 시선은 달랐다. 할머니는 이미 부모 세대인 승원이 엄마와 형제뿐 아니라 승원이 이전의 손주들 성장까지 지켜본 경험이 있었기 때문이다. 아이들의 발달 단계는 모두 다르며, 어떤 교육을 시킬 것인가는 아이를 가까이서 지켜보며 기다려주는 지극한 관심이 필요하다는 걸 승원이 할머니는 경험으로 알고 있다. 워킹맘이라 아이와 대할 시간이 적은 승원이 엄마는 학교 성적표로 아이를 평가할 수밖에 없었다. 아이의 나이에 맞춰 학습 환경을 갖춰야 한다고 생각했고, 다른 아이들과 비교할 수밖에 없었다고 했다. 아이마다 다른 성장과 발달은 달력 넘어가듯 연령별로 정해져 있지 않은데, 엄마가 일방적으로 정한 시간표를 강요하고 있던 것은 아니었을까. 그런데 자신의 유년시절을 돌이켜보면 지금은 승원이의 할머니가 된 자신의 엄마도 자신과 같은 조바심을 보였던 때가 있었다.

승원이 엄마: 저는 정말 좀 이건 아니다 싶으면 일단 혼을 내게 되더라고요. 야단도 치게 되고… 그런데 우리 엄마 아빠는 다르더라고요. 어느날은 승원이가 와서 '엄마, 외할아버지가 아빠였으니 엄만 참 좋았겠다. 아빠도 좋지만 외할아버지 같은 아빠가 있어도 난 진짜 좋겠다.'라

는 거에요. 그런데 생각해보면 우리 엄마, 아빠가 저랬나 싶어요. 우리 키울 때는 되게 여유가 없으셨던 거 같아요. 그래서 바꿔 말하면 지금 제가 여유가 없나 봐요.(웃음) 빨리해줬으면 좋겠고, 알아서 해줬으면 좋겠고… 부모입장에선 이런 게 있는데 우리 엄마는 할머니가 되더니 그런 게 없더라고요. 평생 농사만 지으신 분이죠. 농사짓는 것처럼 아이에게도 만개할 때까지 기다려주신 거예요. 그게 맞구나. 나는 그렇게 못 했겠구나 생각하게 돼요.

한때는 초보였던 부모가 조부모가 됐다. 할머니가 되었다고 해서 특별한 양육철학이나 다짐을 했던 것도 아니었다. 다만 인생의 느지막이 되자 아이의 입장에서 다시 생각해보는 버릇이 생기게 되었다는 것이다.

승원이 할머니: 우리 애들 키울 때만 해도 저도 젊으니깐 혼도 내고 그랬는데 사람이 자꾸 나이를 먹으니까 이해라고 할까 그런 게 많이 되는 거 같아요. 손자가 나 농사짓는 거 도와준다고 하는데 솔직히 귀찮았죠. 시간도 많이 걸리고 그런데 어떻게 어린 애가 도와줄 생각을 다 했을까 싶어서 예쁘다는 마음밖에 안 들어요.

할머니의 속도가 하루 24시간을 쪼개며 일과 양육에 지쳐있던 승원이 엄마의 다급한 시계까지 늦췄다. 비록 학교 성적은 큰 두각을 나타내지 않았지만 매사에 자신감이 넘치고, 자신이 결심한 것은 해내고야 마는 승원이의 성격은, 촌각까지 구분하는 엄마의 시간표대로라면 불가능했을 거라는 걸 인정할 수밖에 없었다.

승원이 엄마: 할머니 도움 없이 키웠다면 아이가 이렇게 구김살 없이 자랐을까요? 그건 자신 없어요. 제가 아무리 잔소리하고 혼내고 해도 안 고쳐지는 게 할머니가 안고서 조근조근 이야기하면 바뀌는 거죠. 내 아이지만 엄마인 내가 보지 못하는 면을 할머니 할아버지가 발견해주신 거죠.

승원이가 하고 싶어 하는 일이라면 무엇이든 기다려줬다는 할머니. 어떤 날은 말끔하게 수확을 끝낼 수 있는 배추밭에 직접 배추를 뽑아보고 싶어 하는 승원이를 위해 배추 한 이랑을 남겨둔다던지 어떤 날은 운동장에서 마음껏 놀라며 해질녘까지 벤치에서 말없이 지켜봐주시기도 했다.

승원이는 단 한 번도 조부모에게서 야단을 들은 기억이 없다고 했다. 그런데 여기서 주목할 것이 있다. 이런 애정과 관용이 흔히 생각하듯 아이의 생활습관을 흩어놓거나, 무엇이든 맘대로 하는 버릇없는 아이로 만들어놓지는 않았다는 것이다. 일례로 승원이는 만 10세가 된 지금까지 단 한 번도 컴퓨터 게임을 해본 적이 없다고 했다. 게임에 대한 호기심도 있고 기분전환으로 즐기는 게 나쁘지 않다고 생각하지만 학업에 방해될까봐 스스로에게 금지령을 내렸다고 했다. 검정고시 이후에도 도서관과 집을 오가며 하루 10시간 이상 공부를 하는 승원이는 오히려 자신이 세운 목표를 위해 또래답지 않은 놀라운 자제력을 보여주고 있었다.

승원이: 엄마는 제가 논다고 하면 '한 시간만 놀아'라고 시간을 정해놓는 스타일이시고, 할머니는 저를 자유롭게 해주세요. 제가 운동장에서 놀 때는 수위 아저씨한테 교문 닫는 시간을 좀 늦춰달라고 부탁까지 하시면서 정말 제가 지루해질 때까지 놀게 해주셨고요. 할머니 집에서도 지켜야 할 큰 틀은 있어요, 숙제를 해야 한다든가, 일정한 시간에 잠자고 일어나는 거라든가. 하지만 막무가내로 강요하진 않으셨죠. 그런데 엄마 아빠가 한 말보다 할머니 할아버지가 하신 말씀이 더 기억에 남고, 지키게 돼요. 엄마가 '뭔가 해야 할 게 많고, 규칙도 많은 교실'이라면, 할머니 할아버지는 내가 하고 싶은 걸 다 할 수 있는 운동장 같아요.

커다란 울타리로 보호가 되어 있지만 무엇이든 마음껏 할 수 있는 운동장 같았던 조부모의 품에서 승원이는 오히려 자신이 좋아하는 것을 찾고 몰입하는 법을 배운 것은 아닐까? 그것도 조부모는 의도하지도 않았는데도 말이다. 이제는 누가 시키지 않아도 촌각을 다퉈가며 공부에 몰두하는 승원이가 가장 넉넉하게 쓰는 시간은 매일 저녁 갖는 할머니와의 통화시간이다. 별 다른 화제가 없어도 수

화기 너머로 들리는 할머니의 목소리를 듣는 것만으로도 이미 마음이 편안해진다는 승원이. 할머니는 손자 목소리를 들으면 언제나 공부만 하는 승원이 걱정에 목이 메는 것을 숨기느라 헛기침만 연속이다.

할머니: 작고 어린 애가 공부한다고 애 쓰는 거 보면 그게 안쓰러워서… 얼마나 힘들까? 애 앞에선 말 못하죠. 장하고, 자랑스럽지만 안쓰러운 거죠.

앞으로 달려가라고 채찍질하는 대신, 다른 아이와 비교하는 대신, 할머니는 승원이의 옆에서 조용히 응원을 보내고 있다. 승원이 엄마는 할머니와 승원이의 만남을 적극적으로 도와준다. 어느새 승원이의 키는 할머니를 훌쩍 넘어섰고, 할머니의 등에 매달렸던 작은 아기는, 자신과 달리 점점 가벼워지는 할머니를 번쩍 들어 올릴 만큼 튼튼한 소년으로 자랐다. 이제 손주 양육자로서의 역할은 끝났지만 교육자로서의 역할은 계속될 것이다. 격대육아의 가치를 엄마는 잊지 않았다. 부모 역할도 할머니를 통해 한층 성숙해질 수 있었다.

승원이 엄마: 사실 되게 미안했어요. 내가 양육이 힘들어서 아이를 맡긴 건데 '부모님도 이제 나이 드셔서 힘드신데, 아이가 내려가서 더 힘드신

건 아닐까?' 하는 생각이 나중에야 들더라고요. 그런데도 '승원이 학교 다니는 1년이, 여기서 학교 보낸 1년과 유치원 다닌 기간이 할머니, 할아버지, 친정 엄마, 아버지한테는 행복한 시절이었다'는 말을 저번에 대화중에 해주시더라고요. '그 때 참 행복했다' 그러시더라고요. 그게 효도였기를 바란 게 욕심일까요? 지금은 손주 예뻐하시는 친정 엄마와 더 자주 만나게 하고 싶고, 잘 교육시켜주신 거에 대해 항상 감사를 표하죠.

조부모 무릎학교, 격대교육

한혜민, 유승원의 사례는 격대교육이 부모가 기대하지 않았던 기적을 일으킨 것으로 꼽을 수 있다. 이 두 사례가 예외적 경우라고 느껴질 수도 있다. 둘 모두 10대 초기에 남다른 학업 진도를 보여줘 영재가 아니냐는 세간의 평을 받기도 했었다. 그러나 이들은 일정 시점만 놓고 보자면, 학교생활에 적응하지 못해 어려움을 겪기도 했다.

우리 주변의 많은 경우처럼 0~3세까지 할아버지 할머니가 양육에 적극적으로 참여했지만 정작 본인들은 이 시기를 기억하지 못한다. 부모 세대 역시 여느 맞벌이 부부처럼 시간상 편의상의 이유로 조부모에게 아이 양육을 맡겼을 뿐, 특별한 교육 효과를 기대하지는 않았다는 점에서는 평범한 부모들이 가진 인식과 다를 바 없을 것이다.

다만 차이점이 있다면 두 가정의 경우 아이가 기억하는 유년기, 즉 3~5세 이후에도 조부모와 아이가 많은 시간을 함께 보냈고, 조부모와 함께한 시간이 현재의 자신을 만든 힘이라고 증언하고 있다는 점이다.

조부모와 함께한 성장과정뿐 아니라 부모들에게도 공통점이 있었다. 바로 흔히 있을 수 있는 조부모와의 양육갈등이 없었다는 것이다. 혜민 씨의 경우, 할아버지 할머니의 적극적인 도움에도 불구하고 부모가 집에서 출퇴근하며 아이와 시간을 가졌다. 승원이의 경우, 엄마가 양육 스트레스를 호소하면서도 유치원에 들어가기 전까지 조부모의 육아는 여느 맞벌이 가정과 다르지 않은 정도였다. 이 과정에서 부모들은 단 한 번도 조부모의 육아에 대해 이의를 제기해본 적이 없다고 한다.

부모들은 아이를 전적으로 조부모에게 맡기지도 않았지만, 조부모와 아이가 함께하는 시간에 대해 관리를 하려 한 적도 없다. 부모의 양육과 사랑을 '대신'하는 것이 아니라 '내 아이를 이렇게 사랑해주시는 존재가 있다는 것', 즉 '사랑을 더 해주는 존재'로 인식했다는 것이다. 아이가 커서 할아버지 할머니의 양육이 필요하지 않게 되었을 때도 조부모와 많은 시간을 보내도록 지원을 아끼지 않았다.

아이의 인생에 있어 조부모가 가르쳐준 지식은 부모나 선생님을 능가하지는 않을 것이다. 그러나 강보에 싸인 손주를 처음 품에 안을 때부터 언제나 사랑으로 지켜줄 것이다. 손주와 쌓은 하루하루의 기억들이 누적되고, 아이들의 인생을 바꿔나갈 수 있다.

유년시절의 행복한 기억은 아이의 인생을 오랫동안 좌우하는 것임을, 어쩌면 우리 조상들은 알고 있었던 것 아닐까? 격대교육, 조부모 교육, 무릎학교! 이제는 기억에서 희미해진 위대한 교실에는 오직 한 가지 규칙만이 있을 뿐이었다. 그것은 조부모 세대, 부모 세대를 건너 더 풍부해진 수량으로 흐르는 사랑이었다.

격대교육을 위해 피해야 할 함정들

   손주가 처음 강보에 싸여 건네질 때의 감격은, 자연스러운 사랑의 감정으로 이어질 것이다. 격대육아의 힘을 믿고 본능에 따른 사랑에만 머물 것이 아니라, 격대교육자로서의 다짐을 해보자. 조부모의 무조건적인 사랑에도 함정은 있다. 본인이 해당하는 것이 있는지 살펴보자.

손주에 대한 편애를 표현하지 마라.

   '깨물어서 안 아픈 손가락 없다'는 말에 100% 동의하는가? 많은 부모들이 '안 아픈 손가락이 있더라'라며 동의하지 않을 것이다. 비록 의식적이진 않더라도 어떤 부모들은 내리사랑이라며 첫째보다 둘째에게 좀 더 관대하기도 하고, 어떤 부모들은 초보 부모시절 엄하고 서툴게 대한 미안함 때문에 첫째에게 관대하기도 하다. 조부모도 마찬가지다. 부모보다 표현에 덜 조심스러울 수 있다. 때로는 무심결에 표현한 말 한 마디가 손주에게 큰 상처를 주기도 하니 주의하자.

   취재 중 만난 A는 무남독녀인데다가, 양쪽 조부모에게 무려 5년 동안 유일한 손주로서 사랑을 독차지했다. 엄마 아빠 쪽의 조부모가 모두 생존해 있었기에 아이 하나에 네 명의 조부모가 애정을 집중한 것이다. 문제는 아이에게 사촌이 생기면서 일어났다.

엄마: 제 남동생이 결혼해서 아이를 낳았는데, 저희 엄마가 새로 태어난 아기를 너무 예뻐하면서, '너보다 더 예쁘다' 그러신 거예요. A가 그 말을 듣고

3박 4일간 병원에 입원했잖아요. 상상 장염이었어요. 뭘 잘못 먹은 게 아닌데, 상상 장염을 겪는 애들이 있대요. 장염도 아닌데, 실제로 장염 겪는 것처럼 극심한 통증을 느낀다고 하더라고요.

손주들만 편애에 민감하게 반응하는 것이 아니다. 손주들의 부모들조차 자신들의 어린 시절을 떠올리며 다시 한 번 불만을 터트릴 수 있다. 마음이 가는 손주가 있다는 것은 결코 비난받을 일이 아니다. 어떤 손주는 어려서부터 적극적으로 양육을 전담했을 수도 있고, 가까운 곳에 혹은 한 지붕 아래 살기 때문에 접촉 기회가 더 많았을 수도 있다. 부모 세대와의 사이가 유난히 좋기 때문에 손주와도 가까워질 기회가 많았을 것이다. 유난히 자신을 닮은 손주에게 눈길이 가고, 마음이 가는 것은 어쩔 수 없는 일이다. 그렇다면 손주 편애를 인정하고 그 피해를 최소화할 수 있는 방법을 살펴보자.

손주 편애 해결 방법

- 자신이 편애하는 손주가 있는지 직시하고 솔직하게 스스로에게 인정하라.
- 마음이 덜 가는 손주와 더 많은 시간을 보낼 수 있도록, 부모와 상의하고 협조를 요청하라.
- 손주들에게 사용하는 돈과 시간을 가능한 비슷하게 나누어라. 특히 가족이 모두 모인 명절 등에 주는 용돈, 선물 등에 대해선 더욱 공평하게 보이도록 신경을 써야 한다.
- 의식적으로 모든 손주들에게 칭찬, 포옹 등의 애정표현을 하라.

부모의 양육방식을 존중하라

조부모가 양육 경험을 바탕으로 비추어볼 때, 부모의 양육방식에 불만이 있을 수 있다. 조부모 세대는 부모 세대보다 아이에게 너그러운 편이다. 아이들의 개인차를 존중하고, 아이가 스스로 깨닫고 성취할 때까지 인내심을 갖고 지켜보는 게 격대교육의 장점이다. 하지만 격대교육만을 강조하면서 부모의 양육방식을 무시해서는 안 된다.

부모가 아이에게 정한 규칙은 함께 지킬 수 있도록 노력해주어야 한다. 아이에게 일관성 있는 양육은 매우 중요하기 때문이다. 그래야만 부모의 엄격한 면과 느슨하고 관용적인 격대교육 사이에서 아이는 균형을 잡을 수 있다. 일례로 부모가 아이의 TV 시청 시간을 제한했다면, 조부모의 역할은 TV 시청을 무한정 허용하는 것이 아니다. TV시청을 원하는 아이에게 화를 내거나, 나쁜 아이라는 죄책감을 심어주지 않고, 관심을 다른 곳으로 돌리는, 경험에서 오는 지혜를 제공하는 것이다.

부모의 양육방식에 대해 한 바탕 설교를 늘어놓고 싶더라도, 손주의 건강과 안전이 직결된 문제가 아니라면 입을 다물자. 적어도 손주 앞에서 부모의 양육방식에 대해 불만을 표하거나 권위를 떨어뜨리는 언행을 보여서는 안 된다. 격대교육은 부모 세대와 조부모 세대와의 관계가 긍정적일 때에만 효과를 발휘한다. 자신이 사랑하는 부모 세대와 조부모 세대가 서로에 대한 비난을 하는 상황은 아이의 혼란을 가져올 것이다. 아이가 누구의 말을 따라야 할지 혼란을 느끼는 것은 너무나 예측 가능하지 않은가.

많은 격대교육 가정에서는 이런 양육관 차이를 어떻게 해결하고 있을까? 승준, 유진 남매 가족의 이야기를 들어보자.

아빠: 저희 아버지는 저랑 분명히 의견이 다르세요. '아이들 공부하는 시간이 너무 많다. 밖에 나가서 아이들하고 좀 놀게 해야 한다'라고 생각하시는 거 알아요. 대신 그 생각을 저희한테 강요하지 않으세요. 젊은 부모들 입장에서 보면 '공부해야 하는데…'라고 생각하거든요. 의견이 완전히 같다면 그게 오히려 더 이상하겠죠.

엄마: 제가 생각해도 약간 감정에 치우쳐서 심하게 아이를 다그쳤을 때가 있었어요. 어머님은 못 들은 척 하시더라고요. 처음엔 전혀 관심 없으신 줄 알았어요. 나중에 저랑 둘만 남았을 때 말씀하시더라고요. '나도 젊은 시절 그런 적이 있었는데, 지금 생각하니 후회되는 부분이다' 그렇게만 조용하게 말씀하시니까, 저도 오히려 느끼는 게 크더라구요.

할아버지: 부모가 야단쳤을 때 조부모가 나서서 손주 편을 든다던지 하면 부모의 그 위신이랄까 그 체면이 손상받고, 권위가 떨어지잖아요. 조부모가 나서서 그 부모보고 잘못됐다든지 너무 심하다든지 직접적으로 얘기한다는 건 그런 영향이 있는 것 같아요. 아무튼 우리는 손주가 제 부모한테 야단맞을 낌새만 보이면 문 닫고 들어가서 일체 모른 체 합니다. 큰 소리가 나건, 뭐 벌 받는 소리가 나건 일체 간섭을 안 해요. 그러다 손주하고만 있을 때, 손주로 하여금 직접 자초지종을 듣죠. 얘기를 듣고 또 조부모 입장에서, 부모 편에서 조근조근 설명해주죠. '그거는 잘못된 거다. 그러니까 앞으로는 그런 일이 없도록 하고 잘해보자' 이렇게 얘기하고, 안아주는 걸로 된 거죠.

물론 서로의 의견 차이에 대한 이해는 오랜 기간에 걸쳐 쌓여온 것이다. 하지만 격대교육 초기부터 부모의 양육방식에 대한 무간섭원칙은 지켜져야 한다. 그 원칙이 지켜지고 행동으로 보여주는 격대교육이 이뤄졌을 때, 조부모가 얻는 것은 손주의 사랑과 애정만이 아니다. 격대교육을 통해 부모 세대와 관계도 회복했다는 증언들이 있다.

조부모 세대: 저희와 아들 부부 간의 벽이 없어져서 더 다정다감해졌죠. 이렇게 의사소통이 원활이 되는 게 손주들의 힘이 아닌가라는 생각을 해봅니다. 아들 부부도 부모가 자기 자식을 양육하고 교육하는 데 도움을 주니까, 또 부모한테 잘하려고 애를 쓰고… 그러다 보니 고부관계 갈등도 없어지고요. '손주를 잘 키우자'는 공통의 목적이 있으니까 며느리도 딸처럼 느껴지더라고요. 그런 점에서 삼대가 의사소통이 원활하게 되는 장점이 있는 것 같습니다.

세대 간의 새로운 애정은 상호적이다. 많은 아버지들이 그러했듯 아이들이 어렸을 적, 살가운 표현 한 번 할 틈 없이 일에만 매진했던 부모에 대한 자식 세대의 인식도 바뀐다. 특히 아이의 양육에 소홀했던 부자, 부녀 관계가 그렇다. 이렇게 격대교육은 세대 간 결속력과 애정을 다시 확인하는 접착제 역할을 할 수도 있다.

부모 세대: 저희 아버지는 일에만 빠져서, 저희한테는 그렇게 애정표현을 하시는 편이 아니었거든요. 엄하기만 하시고…. 그런데 제 아이를 돌봐주시는 걸 보면 새롭게 보이죠. '원래 정이 많으신데 바빠서 못 했던 거구나' 그게 보이고요. 사실 저도 이제 다 커서 새삼스럽게 아빠한테 애정표현을 하기는 어색해요. 그럼 딸한테 '할아버지 안아드려' 요런 식으로 저도 애를 매개체로 그렇게 애정을 표현하게 되는 거죠.

격대교육(隔代敎育)
할아버지가 손자, 할머니가 손녀를 맡아
잠자리를 함께하면서 교육함

격대육아를 경험한
명사 이야기

외할머니는 내게 편견 없는 삶을 가르쳐주었다.
— 버락 오바마

오바마
할아버지, 할머니는 나의 영웅

미국 역사 최초의 흑인 대통령! 노벨 평화상 수상자, 버락 오바마 미국 대통령. 무척이나 치열했던 2008년 대선이 2주 앞으로 다가온 긴박한 시점에서 그가 하와이의 호놀룰루로 떠났던 것은 의외의 선택이었다. 미국 역사가 결정되는 순간을 앞두고, 오바마 당시 대통령 후보가 머물러야 했던 곳은 바로 86세의 외할머니, 메들린 던햄(Madelyn Dunham)의 병상 옆 자리였다.

외할머니는 앞서 세상을 떠난 외할아버지와 함께 오바마 대통령에게 부모와 다름없는 존재였다. 손주의 입을 통해 흘러나온 외조부모의 역할은 한부모 가정에서 자란 오바마가 어떻게 인종에 대한 편견을 딛고, 한 나라의 정상에 오를 수 있었는지 보여준다.

외조모는 저에게 근면이 무엇인지 가르쳐주신 분입니다. 자신이 필요한 새 차나 옷을 사는 걸 미루고 제가 더 나은 미래를 가질 수 있도록 저에게 투자하셨죠. 여행을 하지 못해 지금 이곳에 계시지는 못하지만 저는 알고 있습니다. 오늘밤은 저의 날이기도 하지만, 제 외할머니의 날이기도 합니다.

— 버락 오바마, 미대통령

버락 오바마는 미국 대통령 후보 지명을 받던 날 외할머니를 회상하며 한 말이다. 그리고 운명의 대선 전날 버락 오바마는 외할머니의 죽음을 알리며 그녀를 자식과 손주들이 더 나은 삶을 살 수 있도록 열심히 일했던 '조용한 영웅'으로 칭했다. 오바마의 자서전 곳곳에는 외할아버지, 할머니가 보여준 애정에 대한 증언이 가득하다. 아파트 앞 농구장에서 운동을 하다 올려다보면 늘 자신을 지켜보고 계셨던 할머니, 할아버지. 손주교육을 자신의 사명이라 여기고, 모범을 보이기 위해 새벽 5시면 어김없이 일어나 하루를 준비하던 할머니의 모습…. 그렇게 어린 소년부터 고등학교 졸업 때까지 꾸준히 생활 속에 스며들어왔던 외조부모의 모습

오바마

은 훗날 미국의 역사를 바꾸어놓을 한 소년을 만들어냈다.

> 오빠 오바마의 실용주의, 신중함, 집중력 등은 모두 외조부모에게서 물려받은 것이에요.
>
> – 마야(Maya Soetoro-Ng), 버락 오바마의 여동생

널리 알려졌다시피 오바마 대통령의 어머니는 오바마의 생부와 이혼을 한 상태였다. 자신의 연구를 위해 인도네시아에 머물러야 했던 어머니는 오바마가 10살이 되었을 무렵 안정적인 학교생활을 위해 자신의 부모님에게 의지했다. 출생 직후부터 꾸준히 만남과 활동을 지속해왔던 외조부모이기에 가능한 일이었다. 어머니와 떨어져 외조부모와 머물면서 고등학교 생활을 성공적으로 마칠 수 있었다. 그러나 조부모에게 있어 당시 상황은 장밋빛만은 아니었다. 피부색이 다른 10대의 손주, 게다가 조부모는 각각 현업에 종사하고 있는 상태였다. 특히 외할머니는 비서에서 시작해, 부사장직까지 오른 열혈 커리어 우먼이었다. 그 시간을 쪼개면서도 조부모는 10대 소년 오바마의 교육에 지대한 관심을 쏟았다.

흑인 10대, 한부모 가정, 어머니의 재혼과 일시적인 부재 등 주위의 시선을 의식하고 위축될 수 있는 모든 조건을 가졌던 오바마는 조부모의 존재를 '영원한 수호천사'로 기억한다. 세계2차대전 참전 용사였던 할아버지를 통해 미국의 역사를 배웠고, 미국 중산층의 언

어와 교육을 받을 수 있었다. 그가 명문 컬럼비아대학, 하버드 로스쿨에 진학한 것 역시 끊임없이 근면과 교육을 강조하던 조부모의 영향이 컸다. 특히 흑인혼혈로서 정체성의 위기를 겪는 손주를 위해 할아버지는 흑인 지인들과의 교류를 넓혔다. 훗날 오바마 대통령이 많은 영향을 받은 것으로 밝힌 시인 프랭크 마셜 데이비스는 다름 아닌 외할아버지 스탠리 던햄의 친구였다. 백인 외할아버지와 흑인 시인, 그 사이의 혼혈 소년, 그렇게 자신의 다름은 정체성의 혼재가 아니라 오히려 다양성을 포용하는 기회가 됐다. 다양한 인종과 직업을 가진 사람들이 드나드는 할아버지의 아파트는 오바마에겐 세상을 접하는 큰 창을 열어주었다.

 삶의 교훈 하나도 말로만 전해진 것은 아니었다. 조부모가 살아왔던 삶의 자세를 오바마는 가족사를 통해, 할아버지 할머니의 회고를 통해 고스란히 받아들였다. 실제로 할아버지 할머니는 손주를 향한 교육열만이 아니라, 자신들의 배움에 대한 열망이 큰 사람들이었다. 특히 할머니는 젊은 시절, 아이를 키우고, 살림을 하고, 직장을 다니면서도 뒤늦게 대학에 등록을 하는 등 평생 배움을 게을리하지 않았다.

 조부모님은 저에게 사랑, 배움에 대한 갈망, 우리가 의미 있는 큰 부분의 일부라는 걸 가르쳐주셨죠.

                         – 버락 오바마

10대 손주의 교육을 맡고, 그 중요성을 인지했던 오바마의 조부모. 그들은 이미 세상을 떠나 손주가 세상을, 역사를 변화시키는 것을 목격할 수는 없지만, 그 변화를 일으킨 작은 도화선으로 아직도 회자되고 있다. '축복'이라는 뜻을 가진 오바마 대통령의 이름 '버락', 그에게 있어 진정한 축복은 이러한 사랑이 넘치는 외조부모의 존재가 아니었을까?

오바마가 조부모와 함께할 때 생기는 긍정적인 교육효과에 대한 확신을 갖게 된 것도 이런 개인적이고 직접적인 경험에 기인한 바가 클 것이다. 지금 오바마의 아이들은 자신의 아버지가 그러했듯 외할머니와 함께 거주한다. 영부인 미셸 오바마의 모친이 함께 거주하며 아이들과의 교류를 이어나가고 있는 것이다. '아빠가 된 것은 내 생애 최고의 일'이라고 이야기하는 아빠와, 변호사 출신의 지적인 엄마를 둔 오바마 대통령의 아이들, 그러나 그들 역시 할머니 할아버지로부터 오는 격대의 사랑과 지지를 받길 바라기 때문이다.

오바마의 홍보팀은 조부모의 날(national grandparent's day, 미국의 경우 1978년부터 제정. 보통 9월 첫 번째 일요일)에 다음과 같은 문구가 적힌 이메일 카드를 보냈다.

"알고 계세요? 오바마는 조부모의 손에서 길러졌답니다. 그래서 오바마가 그렇게 똑똑한 거겠죠?"

이 앙증맞지만 진실이 담긴 조부모 교육 찬양에 이의를 제기할 수 있는 사람은 없을 것이다.

오프라 윈프리
나의 생명을 구한 할머니

　오랫동안 전미 최고의 토크쇼로 꼽혔던 〈오프라 윈프리쇼〉! 진행자이자 제작자인 그녀의 이름을 단 텔레비전 쇼를 누구나 한번쯤은 보았을 것이다. 때로는 직설적으로, 때로는 함께 눈물을 흘리며 탁월한 진행능력과 공감능력을 보여주는 오프라 윈프리! 그녀는 미국 최초의 흑인 여성 뉴스앵커로서 데뷔, 세계적인 방송인으로의 경력을 탄탄하게 쌓아온 것처럼 보인다. 그러나 사실 그녀의 유청소년 시기는 친족성폭행, 10대 임신과 사산 등으로 얼룩져 있었다. 20대 후반이 될 때까지 그 누구에게도 말하지 못했던 인생의 조각을 방송에서 털어놓고 출연자와 공감하며, 오프라 윈프리는 수많은 시청자들은 물론 자신을 치유해나갔다.

그런데 그녀가 유년시절을 이야기할 때, 언제나 눈물을 흘리는 것은 아니다. 오프라 윈프리가 항상 즐겁게 기억하는 시기는 생애 최초 6년이다. 그 최초 6년이 일생을 지탱할 수 있는 견고한 자존감을 심어주었다는 것이다.

내가 현재의 내가 될 수 있었던 것은 할머니 덕분이다. 나의 힘, 나의 논리력, 모든 것이 6살이 되던 그때 형성됐다.

– 오프라 윈프리

어머니가 미혼모였던 탓에 갓 태어난 오프라는 미시시피에 있는 가족농장에서 외할머니와 친척들에게 맡겨졌다. 비록 부모는 곁에 없었지만 현대도시에서는 보기 드문 대가족 내에서 성장한 셈이다. 오프라의 외할머니는 바쁜 농장 생활 중에도 짬을 내어 손녀에게 직접 글자를 가르쳤다. 만 3세가 되기 전부터였다. 유치원에 보낼 수 없는 빡빡한 살림살이 때문에 낸 고육지책이었다. 어찌나 가난했던지, 어린 시절 감자 포대로 만든 옷을 입어야 했던 때도 있었다고 한다. 그러다 보니 오프라의 할머니도, 한 지붕 밑에 살던 이모, 삼촌도, 오프라의 학습을 전문적으로 챙겨줄 만큼 고학력을 가진 사람은 없었다. 오프라라는 독특한 이름도 출생신고를 하던 친척이 철자법에 서툴러 실수로 적어낸 것이라고 할 정도다(원래 오프라 'Oprah'의 이름은 성경 인물 중 하나인 'Orpa'였다고 한다).

오프라 윈프리

하지만 할머니만의 교육법은 손녀의 독서열과 배움을 향한 열의에 불을 지폈다. 변변한 아동용 책 하나 없던 집에서 할머니가 택한 글자 학습교재는 성경이었다. 성경구절을 외우게 하고, 당시 시골마을의 중요한 공동체 역할을 했던 교회의 발표 활동에 손녀가 적극 참여하도록 했다. 또래 아이들의 발음도 부정확할 나이에, 성경구절을 줄줄 암송하는 것을 본 이웃들은 칭찬을 아끼지 않았다.

제가 성경구절 암송회를 하고 나면 교인들이 할머니한테 와서, '와~ 정말 재능이 있네요.' 하는 거죠. 할머니도 마찬가지구요. 그 소리를 어찌나 들었는지, 어느 순간 저도 재능이 있다고 믿게 됐어요. 사실 '재능'이라는 말이 뭔지도 제대로 모를 때였지만, 뭔가 '특별한' 것이라는 건 알 수 있었어요.

― 오프라 윈프리

할머니는 얼마나 많은 시간, 손녀에게 성경구절을 읽어주었는지, 엄마 아빠의 품에서 떨어져 시골 마을에 맡겨진 손녀에게 글을 익히게 하기 위해 함께 얼마나 노력했는지, 한 번도 티를 내지 않았다. 그저 무대 뒤에 서 있을 뿐, 환호는 온전히 손녀 오프라의 몫이었다. 겨우 만 4세가 되었을 때 오프라의 별명은 '어린 연설가'였다. 아직까지 실질적인 인종차별이 횡행하던 시골마을, 오프라는 이웃들의 입소문을 타는 영재 소녀로 칭해졌고, 그 사실이 오프라의 자존감에 미친 영향은 짐작하기 어렵지 않다.

6살 소녀 오프라가 깨닫지 못했던 할머니의 영향은, 할머니의 부재 이후 두드러졌다. 할머니의 병이 악화되면서, 엄마와 아빠의 집을 떠돌며 유청소년기를 보내야 했던 오프라. 그녀는 반항으로 부모와 갈등을 겪기도 했고, 누구에게도 말할 수 없었던 성폭행에 대한 충격으로 가출을 반복하기도 했었다.

하지만 남들은 상상하기 힘든 고통의 시기를 겪으면서도 자신이 특별한 사람이며, 미래에는 조금 더 나은 삶이 있을 거라는, 오래 전 할머니가 심어준 믿음은 변하지 않았다. 할머니 교실에서 배운 글자와, 독서에 대한 사랑은 불우한 환경에서도 빛을 발했다. 조기입학, 월반을 거듭하며 초등학교 4학년, 처음 학급 1등을 차지했을 때, 어린 오프라의 마음에 떠오른 것은 '나는 무엇이든 할 수 있는 아이, 무엇이든 될 수 있는 아이'라는 자신감이었다고 한다. 그 자신감은 어떤 역경에도 꺾이지 않았다. 고등학교를 졸업할 무렵엔 오프라의 이름을 전교우등생명단, 동창들이 뽑은 가장 인기 있는 학생명단에 오르게 했다. 그리고 자타공인 최고의 방송인이 된 오프라가 전하는 메시지는 일관적이다. 인터뷰에서건, 자신의 이름을 내건 토크쇼에서건 자주 반복하는 말이 있다.

당신이 누구건, 어디서 왔건 중요하지 않아요. 성공의 능력은 언제나 자신에게서부터 시작합니다.

– 오프라 윈프리

이 자신만만한 말 뒤에는 할머니와 함께한 유년 6년에 대한 감사가 깔려 있다. 할머니의 품에서 느낀 온기가 아니었다면, 할머니의 무릎 위에서 읽은 책이 없었더라면, 오늘날의 성공은커녕 생명조차 유지할 수 없었을 것이기 때문이다. 그녀는 이제 불모의 대지 아프리카에 소녀들을 위한 학교를 건축하는 등 자선사업가로서 인생2막을 시작하고 있다. 방송을 통해, 교육사업을 통해, 수많은 사람들의 인생을 바꾸어가는 오프라 윈프리, 그녀 자신의 인생을 바꾼 것은 먼 옛날, 배운 것도, 가진 것도 없었던 한 흑인 할머니의 사랑이었다.

할머니와 함께한 6년이 제 인생을 구한 거예요. 내가 지금의 내가 된 것은 할머니가 성공의 기초를 놓아주셨고, 제가 그 기초 위에 꾸준히 노력을 한 것뿐이죠. 할머니는 글자를 어떻게 읽는지 처음 가르쳐주신 분이고, 모든 가능성의 문을 열어주신 분이에요. 만약 할머니와 지내는 대신, 미혼모로 힘들게 살아가고 있던 엄마와 함께 유년기를 보냈더라면 어떻게 됐을까요? 할머니는 제 생후 최초 6년 동안 저 자신이 특별하다고 느낄 수 있게 해주셨죠. 그게 제가 이룬 모든 것들의 초석이에요.

― 오프라 윈프리

빌 클린턴
초졸 조부모의 정치학 명강의

미국의 전직 대통령, 빌 클린턴! 퇴임 후에도 자서전을 펴내고, 활발한 활동을 하는 그가 꼽는 최고의 노후계획은 사람들의 얼굴에 흐뭇한 미소를 띠게 한다. '손자에게 훌륭한 할아버지 되기'이기 때문이다. 외동딸의 결혼 직후부터, 손주를 기대하는 모습은 여느 할아버지와 다르지 않겠지만, 여기에는 클린턴 전 대통령의 개인적인 추억도 섞여 들어간다.

나에게 읽고 쓰고 숫자를 세는 걸 가르쳐 준 사람이 나의 할아버지 할머니셨다. 어찌나 열성적으로 가르치셨던지, 만 3세가 됐을 때는 혼자 간단한 책을 읽을 수 있을 정도였다. 내가 유년시절부터 공부에 열심이었던 것은 할머니 할아버지의 가르침과 관련이 있다.

– 빌 클린턴

    집에서 만든 알파벳 카드를 가지고, 아기 클린턴의 앞에서 단어를 반복하던 목소리는 할머니 할아버지의 목소리였다. 빌 클린턴의 인생은 출생부터 순탄하지 않았다. 출생 직전, 아버지가 교통사고로 사망하면서 유복자로 태어나게 된 것이다. 탄생의 순간, 클린턴을 안아 올린 사람은 할아버지였고, 그렇게 3세대 한 지붕 생활이 시작되었다. 클린턴이 2살이 되던 해 홀로 된 어머니는 생계를 위해 간호학교로 진학했고, 클린턴과 외조부모가 함께 보내는 시간이 늘어났다. 생후부터 4년간이었다. 클린턴의 외조부모는 아칸소 주의 호프라는 소읍에서 작은 가게를 운영하고 있었다. 토착 사업이 몇 개 없는 작은 동네에서 몇 안 되는 사업체였다.

    후에 미국 최고의 엘리트만이 받을 수 있다는 로즈 장학금을 통해 영국 옥스퍼드대학, 미국 예일대학을 나온 클린턴은, 외조부모가 운영하던 작은 가게에서 정치학의 모든 것을 배웠다고 말한다. 그것은 강의실에서의 가르침과는 전혀 다르게 이뤄졌다. 당시만 해도 인종차별이 횡행할 때, 백인들만 외상으로 물건을 살 수 있게 해놓은 다른 가게들과는 달리, 클린턴의 할아버지는 피부색에 상관없이 모든 이들이 신용거래를 할 수 있도록 가게를 개방했다. 지금은 너무나 당연한 일이지만 당시만 해도 그런 일은 오히려 비상식으로 여겨지던 때였다. 이런 사회적 분위기 속에서도 모든 사람을 차별 없이, 존중을 담아 대하는 할아버지 할머니를 보면서 클린턴은 교과서 안에 박제된 '평등', '인권'이 아닌 진정한 정치의 의미를 체득했다고 한다. 만 3~4세 때부터 동네에서 드물게 흑인 아이들과 함께 뛰어노는 백인 아이였던 클린턴은 조부모에게서 물려받은 지혜를 칭송한다.

나의 할아버지는 초등학교 교육 밖에는 못 받은 분이다. 그러나 할아버지는 내가 배움을 받은 명문 대학 교수들의 어떤 강의보다 더 명확하게 모든 인간은 평등하다는 것을 가르쳐주었다. 내가 왜 인종에 상관없이 사람들을 화합시키는 데 헌신하는지 알고 싶은가? 그 원천은 나의 할아버지로부터 시작한다. 나의 할아버지는 인종에 상관없이, 수입에 상관없이 사람을 평등하게 대해야 한다는 것을 행동으로 보여주신 사람이다.

— 빌 클린턴

클린턴의 조부모는 은퇴 이후, 일손을 놓은 한가한 할아버지 할머니는 아니었다. 젊은 나이에 남편을 잃고 홀로된 딸과 유복자로 태어난 손주 클린턴을 위해 가게 운영뿐 아니라, 동네 공장의 경비로서 부업까지 해야 할 정도였다. 아직 영유아시기 아동의 양육에 권장되는 환경이 아니었다.

하지만 언제나 자신을 지켜주고, 가르침을 주고자 하는 할아버지와의 시간은 그 공간이 어디든 놀이동산처럼 흥미진진하기만 했다. 야간 경비를 보던 할아버지를 따라가서 톱밥

빌 클린턴

무더기 위로 기어오르고, 자동차 뒷 자석에서 잠들곤 했던 것도 어린 시절의 좋은 추억이었다. 그렇게 조부모는 모든 자투리 시간을 손주 클린턴과 함께하는 데 사용했다. 손주의 고사리 손을 잡고, 일터로 향하곤 했던 할아버지, 그 시간 동안 조부모와 나눈 대화와, 독서를 클린턴은 평생의 지침으로 삼았다. 사랑을 듬뿍 주었지만 생활규칙에 엄격했던 할머니와 손주의 눈엔 '세상에서 가장 친절한 사람'이었던 할아버지의 영향은 오랫동안 지속됐다. 클린턴의 유년시절을 얼룩지게 한 양아버지의 알코올 중독과 가정폭력은 널리 알려진 사실이다. 그 사이, 클린턴은 주말마다 찾을 수 있었던 조부모의 집에서 숨을 쉴 수 있었다. 그 행복한 시절은 조부모가 사망하기까지 6년 동안만 유효했다. 하지만 할아버지 할머니에게서 받은 영향은 평생 동안 그의 정치신념과 원칙을 좌우했다.

그래서일까? 빌 클린턴 대통령 박물관은 다름 아닌 생후 첫 4년을 보낸 외조부모의 집에 위치하고 있다. 아담한 농가 스타일의 2층

집에는 손주를 맞이하기 위해 장만했던 아기방이 남아있는가 하면, 어려운 이웃에게 식량을 조달해주고, 받을 기약이 없는 급전을 융통해주었던 클린턴의 할아버지 할머니의 오래 전 기록이 고스란히 남아있다.

재밌는 것은 당시엔 보편적이지 않았던 조부모교육을 둘러싸고 클린턴의 외할머니와 어머니 간에 의견차이로 인한 갈등이 벌어지곤 했었다는 클린턴의 기억이다. '사랑하는 두 여자, 엄마와 할머니 사이에서 어떻게 처신해야 하는지, 혼란스러울 때가 있었다.' 그러나 이 시기는 아주 잠깐이었다. 글자를 가르치는 시기부터, 잠자는 시간, 식습관까지 사사건건 충돌하던 시기에서 서로의 절충안을 찾아갔기 때문이다.

그리고 백악관에 입성하기 전 변호사 시절부터 클린턴의 책상 위에는 변함없이 놓여있는 사진이 있다. 10살의 나이에 떠나보내야 했던 조부모의 사진이다. 클린턴의 측근들은 그가 힘든 결정을 내려야 하거나, 어려운 문제에 직면할 때면, 조부모의 사진을 응시하다가 손으로 쓸어보곤 했다고 전한다. 무학이었지만 그 어떤 학자보다 훌륭한 정치학 수업을 전해줬던 조부모에게 다시 한 번 지혜를 구하듯이 말이다.

04

퀴리 부부
과학 왕국을 이룬 협동 교육

　퀴리가문의 놀라운 기록 행진은 피에르 퀴리와 마리 퀴리 부부가 1903년 노벨상을 수상하면서 시작되었다. 피에르 퀴리가 사망한 후인 1911년 마담 퀴리가 다시 한 번 노벨상을 그리고 30여년 후, 퀴리 부부의 장녀 일렌이 노벨화학상을 수상했다. 이로써 퀴리가는 가장 많은 노벨상을 받은 가족이라는 기록 하나를 추가하게 된다.

　이 과학명문가의 기록에는 잊지 말아야 할 한 사람이 있다. 노벨상 수상자의 아버지이자, 또 다른 노벨상 수상자의 할아버지가 된 위젠 퀴리, 즉 피에르 퀴리의 아버지였다. 일렌 퀴리가 태어날 당시, 퀴리 부부는 이미 스타과학자로 알려져 있었지만, 생활을 위해 연구와 강의를 병행하며 눈코 뜰 새 없이 바쁜 생활을 보내고 있었다. 젊은 과학자 부부를 돕고 첫 손녀를 양육하기 위해 손을 내민 것은 할아버지, 위젠 퀴리였다. 당시의 안도감을 퀴리 부인은 이렇게 말한 바 있다.

과학실험을 포기하지 않고 우리 어린 딸 일렌을 어떻게 돌볼 수 있을지… 심각한 문제가 발생했다. 일을 포기한다는 것은 나에겐 너무 큰 고통이었을 것이고, 남편으로선 생각조차 하지 않았을 일이었다. 그런데 가족 간의 화합(시아버지와의 합가)이 이런 걱정을 없애주었다.
– 퀴리 부인

몇 년 후 태어난 둘째 이브까지, 손녀들은 언제나 바빠서 애정표현에 인색할 수밖에 없었던 엄마 아빠 대신 아낌없이 애정을 표현하는 할아버지를 통해 감수성을 익혔다. 긴 이야기를 나누며 파리 곳곳을 산책하던 손녀와 할아버지는 둘도 없는 단짝친구가 되었다. 언제나 실험실처럼 깔끔하게 정리되어있던 집안에서 유일하게 아늑한 느낌을 주는 기념품과 일상용품들로 가득 찬 곳도 할아버지의 방이었다. 특히 젖먹이 시절부터 할아버지가 사망한 1910년까지 많은 시간을 함께 보낸 첫 손녀 일렌은 훗날 자신의 정치, 종교관은 스타과학자였던 어머니 퀴리 부인보다는 할아버지 위젠에게서 물려받은 바가 크다고 인정한 바 있다.

유년시절 할아버지와 나는 시골로 가서 여름을 함께 보내곤 했는데, 그 때마다 식물학, 자연과학, 역사를 가르쳐주셨다. 나는 할아버지와 많은 시간을 보내면서 그의 정치성향과 종교관까지도 물려받았다.

– 일렌 퀴리

하지만 연구에 바빴던 퀴리 부부가 조부모의 손에 아이들을 방치한 것은 아니었다. 일렌은 언제나 지쳐 있으면서도, 자신을 위해 최선을 다했던 어머니를 기억한다. 퀴리 부부는 일렌을 '작은 왕비님'이라고 불렀고, 연구실에서 아무리 녹초가 되어 돌아오더라도 일렌이 무언가를 사달라고 떼를 쓸 때면, 싫은 소리 한 번 없이 곧장 가게로 달려 나갈 만큼 헌신적이었다고 한다. 눈에 띄게 명석한 딸에게 공부를 강요하지도 않았다. 퀴리 부인이 딸에게 했던 말은 언제나 같았다고 한다.

어머니는 항상 우리 자매에게 열심히 일을 해야 하고, 독립적인 삶을 살아야 하고, 인생에서 즐기기만 하려고 해선 안 된다고 말씀하셨죠. 하지만 단 한 번도 과학자가 되는 것만이 제가 추구할만한 가치가 있는 일이라고 말씀하신 적은 없어요.

– 일렌 퀴리

퀴리 부인은 단순히 육아의 부담을 덜기 위해서 시아버지와 합가

한 것이 아니었다. 남달랐던 교육 철학을 가졌던 시아버지 위젠 퀴리의 조부모교육을 기대했던 것이다. 할아버지 위젠 퀴리는 자연과학에 관심이 많은 의사였지만, 또한 열렬한 자녀 교육자이기도 했다. 아들 피에르 퀴리도 학교에 보내는 대신 직접 공부를 가르쳤고, 수학재능을 알아보자 상급학교로 진학시켜 마침내 노벨상을 받게 한 전력이 있었다. 시대를 앞서간 홈스쿨링의 성공사례였다. 할아버지 역시 아들의 수학재능과 영특함까지 꼭 빼닮은 손녀 일렌에게는 정규 학교 교육보다 홈스쿨링이 나을 것이라고 적극 지지했다. 당시 프랑스에서 여성 과학자로 클 수 있는 적절한 교육을 받는다는 것은 불가능했기 때문이다. 이에 대한 환멸이 얼마나 컸던지, 퀴리 부인은 '현재의 학교에 아이들을 가둬놓느니, 차라리 익사를 시키는 게 나을 정도'라는 극단적인 말까지 했을 정도였다. 시아버지와 나눈 교육에 대한 교감은 남편 피에르 퀴리가 교통사고로 급작스러운 죽음을 맞은 이후에도 이어졌다. 자신의 아들을 잃은 슬픔에도 불구하고, 실의에 빠진 며느리와 손녀들을 부축해 일으킨 것도 할아버지였다.

　퀴리 부인은 딸을 위해 시아버지의 홈스쿨링을 차용했다. 동료 과학자들과 함께 '교육 협동조합(teaching cooperative)'을 조직해 서로의 아이들을 가르치기 시작한 것이다. 퀴리 부인 자신도 협동조합의 교사로 적극적으로 나선 것은 물론이다. 수학, 과학, 문학 분야의 세계 석학들이 선생님으로, 친구의 부모로 나선 교실에서 불과

10세의 일렌은 이미 탁월한 과학자로서의 능력을 보이기 시작했다. 이 교육 실험은 불과 2년 동안만 지속됐지만, 그 영향은 일렌이 과학자로 활동할 때까지 간직할 교훈을 주었다.

> 어머니가 '교육 협동 조합' 강단에 섰을 때, 집에서 대하던 어머니와는 너무나 다르게 엄격한 것에 놀랄 정도였죠. 수학 시간에 제가 잠깐 딴 생각을 하자, 곧장 제 노트를 집어 창밖으로 던져버렸을 정도였어요. 다시 노트를 집어서 자리로 오면서 생각했죠. 중요한 것은 현재의 과제에 정확하게, 그리고 완벽하게 집중하는 것이라는 걸요
> – 일렌 퀴리

어머니로부터 받은 엄정한 연구자로서의 자세, 할아버지로부터 받은 애정과 사회를 보는 눈은 일렌을 날게 하는 두 개의 균형 잡힌 날개가 되어주었다. 최다 노벨상 수상의 기록을 뽐내는 퀴리가의 과학왕국은 할아버지 위젠 퀴리의 사망 1세기가 지금도 건고하게 이어지고 있다. 퀴리 부부의 외손녀이자, 일렌의 딸인 랑제빈-졸리오 역시 저명한 핵물리학자로 활동하고 있으며, 아들 피에르는 생물물리학자, 손자인 이브는 천체물리학자로 경력을 쌓아가고 있기 때문이다.

빌 게이츠
나의 성공은 할머니 덕분이었다

　세계 최대 갑부에서 이제는 세계 최대 기부자로 활동하고 있는 마이크로 소프트의 창시자, 빌 게이츠. 그가 1년에 두 차례 주변과의 연락을 두절한 채, 생각주간(think week)을 가질 때마다 IT산업의 지형을 뒤흔드는 결정을 내렸다는 이야기는 이미 널리 알려져 있다. MS의 초소형 태블릿PC와 보안성을 강화한 소프트웨어, 온라인 비디오 게임 아이디어 역시 이 생각주간 동안에 나왔다고 한다. 그는 이 시간을 전 세계 MS 직원들이 보낸 IT업계 동향과 진로 보고서, 아이디어 제안서를 읽고, 명상을 통해 아이디어를 얻는다고 밝힌 바 있다. 그러나 아무도 함께할 수 없는 것으로 알려졌던 그 생각주간에 단 한 명의 여성은 종종 빌 게이츠의 정중한 초대를 받곤 했다.

빌 게이츠가 '갬'이라고 불렸던 아델 맥스웰, 빌 게이츠의 외할머니였다.

할머니는 외동딸이 낳은 3남매 양육을 돕기 위해, 빌 게이츠의 집에 오랫동안 거주했다. 둘째로 태어난 빌 게이츠의 유년시절, 변호사로서 성공 가도를 달리던 아버지와 비영리단체를 위해 일하며 바쁜 나날을 보내던 어머니의 빈자리를 할머니가 메워준 것이다. 3남매 모두 할머니를 제2의 엄마라고 불렀을 정도였다. 할머니가 머무는 동안 빌 게이츠의 집에는 재밌는 전통이 생겨나기 시작했다.

빌 게이츠

그 첫 번째는 카드게임이었다. 교육적인지, 아닌지를 따지기 이전에 아이들이 몰두할 수 있는 재미있는 활동을 제안한 것이다. 할머니는 어린 빌 게이츠에게 두뇌회전이 필요한 카드게임을 가르쳤다. 할머니는 어린 빌 게이츠에게도 성인과의 게임에서도 충분히 이길 수 있다는 자신감을 불어넣어줬다. 이후, 모든 게임은 빌 게이츠의 집에서 '죽기 아니면 살기' 게임이라고 불렸다. 누구에게도 지지 않으려고 하는 빌 게이츠의 집요함 때문이었다.

아들은 유아 때부터 경쟁심이 유별났어요. 가족 간에 카드 게임을 하건, 보드게임을 하건, 달리기를 하건, 다른 사람보다 잘 하려고 했죠.

— 메리 맥스웰 게이츠, 빌 게이츠의 어머니

할머니를 중심으로 이뤄진 가족행사는 체육행사를 방불케 했다. 매년 12가족이 모이는 여름 휴가엔 어른, 아이가 어울려 이어달리기, 테니스 경기, 수영경기가 이어졌다. 가족 올림픽이라고 불렸던 이 경험을 빌 게이츠는 소중한 교훈을 배운 시간으로 기억한다.

그런 경쟁적인 게임을 통해 우리 3남매는 어린 아이라도 어른과 경쟁할 수 있고, 심지어 이길 수도 있다는 걸 배웠다. 어린 시절 '넌 해낼 수 있어'라는 격려를 듣는다는 것은 훗날 많은 것을 이룰 수 있게 한다고, 나는 믿고 있다.

— 빌 게이츠

사춘기 무렵엔 부모의 걱정을 사기도 한 빌 게이츠의 경쟁적인 성향은, 학업에 대한 열의로 이어졌다. 2장이면 족할 숙제는 참고서적 목록까지 첨부된 소논문이 되기도 했고, 9살이 되기도 전에 백과사전을 독파했을 만큼 독서광이었다. 성인이 된 이후에도 주중 최소 1시간, 주말 최소 3시간은 꼬박 책을 읽는다는 빌 게이츠의 습관도 아주 어린 시절, 할머니를 통해 형성된 것이었다.

기상 시간 아이들 방에 올라가면 할머니와 3남매가 잠옷 차림 그대로 침대 위에 한데 엉켜서 서로에게 책을 읽어주고 있었다. 큰 소리로 책을 읽어주는 것은 우리 가족의 전통이었다. 할머니와 함께 떠난 가족 나들이 길에선, 차 안에서 큰 소리로 서로 책을 읽고 내용에 대해서 이야기하느라, 아이들에겐 지루한 기색이 없었다.

- 윌리엄 H. 게이츠, 빌 게이츠의 아버지

어린 시절 할머니를 통해 자연스럽게 책에 흥미를 가지고, 분석 능력을 기를 수 있었던 것은 빌 게이츠에겐 큰 자산이 되었다.

일찍 책을 읽기 시작한다는 것은 책 속에서 일어나는 모든 상황을 상상할 수 있게 하고, 스스로 생각할 수 있게 해준다. '내가 사업을 경영할 수 있을까? 과학 분야에서 새로운 것을 발견해낼 수 있을까' 질문들을 시작할 수 있는 것이다. 내가 어렸을 때 나는 그저 도서관에 가서 마음껏 책을 빌려오기만 하면 됐다. 아무리 많은 책을 빌려와도 기꺼이 나에게 읽어주실 할머니가 계셨기 때문이다.

- 빌 게이츠

1987년 빌 게이츠가 31살의 나이로 최연소 억만장자가 되었을 때, 유년 시절부터 깊은 영향을 끼쳐온 외할머니는 눈을 감았다. 빌 게이츠는 할머니를 기리기 위해 시애틀 외곽에 만평이 넘는 부지를 구입했다. 어린 시절 할머니의 지휘 아래 가족 올림픽이 열리던 그 때처럼 별장과 테니스코트 등 운동시설이 들어선 곳이었다. 가족을 위한 장소이기도 했고, 그가 창립한 마이크로소프트사의 행사를 위한 공간이기도 했다.

그것은 아들 빌 게이츠에겐 할머니를 진정으로 추모하는 일이다. 그녀는 우리 가족을 하나로 만들어주는 역할을 해왔다. 우리 가족의 인생이 다른 방향으로 흘러가더라도 우리 가족은 함께 모여 그녀를 기억하는 특별한 기회를 간직하고 싶다.

— 메리 맥스웰 게이츠, 빌 게이츠의 어머니

경쟁과 성취를 가르쳤던 빌 게이츠 할머니의 가족게임은 그 후 몇 년간 마이크로소프트사의 직원들 간의 연례행사가 됐다. 마이크로게임스(MicroGames)라고 명명된 이 게임은 이어달리기, 깃발 뺏기 같은 가족단위 소규모 활동에서, 지략을 동원하고, 창의성을 발휘해야 하는 단체게임으로 규모가 커졌다. 손주와의 단순해 보이는 놀이에서도 승부의 묘미를 가르치고, 경쟁에 담대하게 맞서 이기는 습관을 길러주었던 빌 게이츠의 할머니! 그렇게 한 조부모의 지혜는 세계 굴지의 기업 문화에 스며들고 있었다.

<EBS 60분 부모-스스로 공부하는 아이>
최정금 소장의 CLI 교육그룹!

최정금학습놀이터
www.choistudymall.co.kr
031) 914-9002

최정금 소장이 직접 사용하고
추천하는, 학습능력 발달을 위한
최고의 교구만을 모아 놓은
온라인 쇼핑몰!

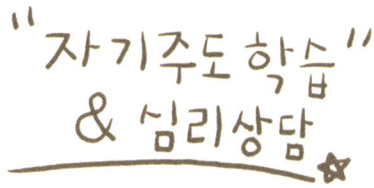
"자기주도 학습"
& 심리상담

최정금학습클리닉
부설:인지학습심리연구소
www.choistudy.co.kr
031) 914-9004

어린이와 청소년의
학습능력, 정서발달을 돕는
최고의 전문기관!

최정금 소장의 유익한 교육정보와
온라인 상담실이 있는 네이버 블로그!

blog.naver.com/choistudy914

* 다양한 정보가 담긴 교육레터가 격주 발간되고
있습니다. 블로그 방문하시고 덧글로 신청하세요~